西夏司法制度略论（修订版）

姜歆　著

凤凰出版社

图书在版编目（CIP）数据

西夏司法制度略论 / 姜歆著. -- 修订版. -- 南京 :
凤凰出版社, 2017.11
ISBN 978-7-5506-2694-2

Ⅰ. ①西… Ⅱ. ①姜… Ⅲ. ①司法制度—法制史—研究—中国—西夏 Ⅳ. ①D929.463

中国版本图书馆CIP数据核字(2017)第284171号

书　　名　西夏司法制度略论(修订版)
著　　者　姜　歆
责任编辑　陈晓清
出版发行　凤凰出版社(原江苏古籍出版社)
　　　　　发行部电话025-83223462
出版社地址　南京市中央路165号,邮编:210009
出版社网址　http://www.fhcbs.com
照　　排　南京凯建图文制作有限公司
印　　刷　江苏凤凰通达印刷有限公司
　　　　　南京市六合区冶山镇,邮编:211523
开　　本　718×1005毫米　1/16
印　　张　9.5
字　　数　186千字
版　　次　2017年11月第1版　2017年11月第1次印刷
标准书号　ISBN 978-7-5506-2694-2
定　　价　48.00元
(本书凡印装错误可向承印厂调换,电话:025-57572508)

目　　录

第一章　西夏法律文献概述

西夏司法文献，主要集中在黑水城出土的西夏文献之中。黑水城位于今内蒙古自治区阿拉善盟额济纳旗达赖库布镇东南25公里的荒漠中。西夏于居延地区置十二监军司之一的黑水镇燕军司，治所在黑水城，其地是从河西走廊通往漠北的交通枢纽。元灭西夏，于居延地区置亦集乃路，治所在黑水城。元、明沿称亦集乃。蒙古语称黑水城为哈拉浩特，黑水城至明初被废。清初赐回归祖国的土尔扈特部郡王移此游牧，始命此地为额济纳土尔扈特旗地。

一、西夏文献的发掘与整理

1908年至1909年，俄国探险家科兹洛夫大佐率领的四川——蒙古考察队两度到黑水城遗址进行发掘。1908年，考察队在我国西北内蒙古额济纳旗境内的巴丹吉林沙漠中寻找到了西夏时期的黑水城遗址。他们随意在城内进行发掘，从官衙、民居、寺庙、佛塔废墟中挖出了大量佛像、绢画、佛事用具、钱币、日常用品以及西夏文、汉文和波斯文书籍残卷。经过七天的挖掘，由于水和食品等原因，他们结束了挖掘工作，将所获物品用9个箱子(每个箱子1俄担，相当于16公斤)装载，邮寄回圣彼得堡皇家地理学会。1909年5月下旬，科兹洛夫率领探险队再次进入黑水城遗址。这次他们做了充分的准备，还雇佣当地的蒙古人给他们运送水、食品和帮他们挖掘土方。科兹洛夫在黑水城的第二次挖掘比上次的时间更长、范围更大，他们在距城西北角约300米处的一座塔中，发现了一个"图书馆"。这是一个覆钵塔式建筑，塔内底部约12平方米、高约10米，四周为平台，上面摆放着许多佛教塑像和成百上千的书籍、绘画、经卷等，另外还有一具人骨架。这次他们用了40峰骆驼才运送出从"著名的塔"中挖到的珍贵书籍和文物。科兹洛夫将其考察经过写在《蒙古、安多和死城哈喇浩特》一书中。这批珍宝运到俄国圣彼得堡后，先存放在俄国皇家地理学会，其中的文献部分又被交给俄国科学院亚洲博物馆，即今俄罗斯科学院东方学研究所圣彼得堡分所。文物和艺术品先交俄国亚历山大三世博物馆民族学部收藏，1933年转交国立艾尔米塔什博物馆(冬宫博物馆)东方部收藏。

科兹洛夫从黑水城所获的文献总数约在10万件以上，其中绝大部分为西夏文文献，其次是汉文文献，另外还有藏文、蒙文和波斯文文献。据有关资料记载，俄藏黑水城出土的西夏文文献，在上个世纪60年代已进行整理和编目的共8090件，其中考订书目的有60种世俗性著作和370种佛经,总数约3000件;汉文文献(包括世俗性著作和佛经)为375种,共488件。俄藏黑水城出土的西夏文文献,主要有译自汉文古籍的,如《论语》、《孟子》、《孝经》、《孙子兵法》、《黄石公三略》、《贞观要文》、《类林》等;有语言文字著作《番汉合时掌中珠》(为夏对汉义音双解字典)、《文海》、《音同》、《五声切韵》、《文海宝韵》、《义同一类》、《三才杂字》、《杂字》等;有文学原著《诗集》、《三世属明言集文》、《忍教搜(寻)颂》、《新集金碎掌直文》、《新集慈孝记》、《圣立义海》、《新集锦合辞》(谚语)、《德行记》等;有法律典籍《天盛年改旧新定律令》、《贞观玉镜统》、《亥年新法》、《新法》等。另外还有医书、咒语、历书、官阶表等。黑水城出土的汉文书籍,类型大致与西夏文书籍相同,有来自宋金的儒家和道家的著作,如《论语》、《礼记》、《庄子》、《新唐书》、《汉书》;有西夏人所编的《千字文》、《杂字》和来自中原的《礼部韵略》、《广韵》、《一切经音义》以及医书、历书、占卜书、文书等。

科兹洛夫的喀拉浩特考察轰动了世界,在科兹洛夫"考察"六年后,1914年5月26日英籍匈牙利裔考古学家奥莱尔·斯坦因爵士率领的"第三次中亚探险队"也来到喀拉浩特,在城外西南近郊的一个清真寺废墟前搭起帐篷,开始为期八天的详尽调查。斯坦因在喀拉浩特发掘的经过,在其著作《亚洲腹地》第1卷第13章中有详细的描述。斯坦因掠走大批文物和文献,共有西夏文文献7000余件,汉文文献230多件,还有少量梵文、藏文等其他语种的文献,引起国际学术界的高度重视。

继科兹洛夫和斯坦因之后,1923年,美国人兰登·华尔纳,组织第一次福格中国考察队,到达喀拉浩特遗址进行发掘。由于科兹洛夫和斯坦因已在此进行过数次大规模的发掘,所以所剩文物已寥寥无几。即便如此,华尔纳还是怀着一种侥幸心理挖了九天的时间,考察过程记录在其《在中国漫长的古道上》一书中。现哈佛大学福格艺术博物馆藏华尔纳从喀拉浩特遗址劫获的文物有:壁画3幅、泥塑1件、铜镜1件、瓦当1件。

1927年9月26—27日,瑞典探险家斯文·赫定与我国合组的西北科学考察团,在宁夏、喀拉浩特一带进行了考察。他曾和团里的几名队员一起去过喀拉浩特,但是没有在那里进行过发掘,同团的瑞典古物学家贝格曼博士对喀拉浩特做了考察。斯文·赫定在他的《长征记》中详细叙述了喀拉浩特遗址当时的情况,中瑞西北科学考察团中方团长徐炳旭先生在其所著《西游日记》一书中,也对这次考察略做叙述。

1949年后,喀拉浩特所在的额济纳旗先后划归甘肃省和内蒙古自治区管辖。1962年和1963年,内蒙古文物工作队曾两次到喀拉浩特遗址进行考古调查。1963年秋季的调查持续时间较长,发现了25件西夏时代泥塑像和少量文书。1976年,甘肃省组成考古队于喀拉浩特遗址及其周围地区进行考古调查,在距喀拉浩特城址约20公里的老高苏木遗址也收集到一些文书,1979年又在喀拉浩特城内得到少量文书。同年，中国社会科学院民族研究所组织的西夏考察组也初次赴喀拉浩特进行考察和访问。

1983年经中国国家文物局批准，由内蒙古考古研究所联合阿拉善盟文物工作站对喀拉浩特遗址进行发掘。经1983年和1984年两次发掘，基本上将全城勘查完毕，出土不少文物和多种西夏文、汉文和蒙古文文书。详情见于内蒙古文物考古研究所、阿拉善盟文物工作站编《内蒙古黑城考古发掘纪要》以及李逸友先生主编的《黑城出土文书》(汉文文书卷)。

现今世界上黑水城出土文献的主要收藏地分别有“俄藏”、“英藏”和国内收藏三大部分。

西夏文献作为近代中国古文献新发现的重要组成部分之一，虽然与殷墟甲骨、汉晋简牍、敦煌文书和内阁大库档案一起堪称中国近代学术史的五大发现，发现时间也已超过百年，但是与其他四大新发现材料尤其是与早已成为国际性显学的敦煌学相比，在黑水城文献发现以来的百年时间内，有相当长的一个时期由于信息的闭塞和主要文献收藏国文化政策的封闭性，黑水城文献的整体情况对多数人来说基本处于一种扑朔迷离的状态，人们知之甚少，使得这部分文献迟迟未被充分整理和利用。

俄藏黑水城出土文献的整理、考订和叙录，经过俄国几代学者将近一个世纪的艰辛努力，完成了近3000件共430余种西夏文文献的书目考订与内容叙录。但这只占全部登录的8090件西夏文文献的38%，还有62%的西夏文文献尚待考订。而俄藏黑水城出土西夏文献的残片部分，至今仍未经过系统整理和准确鉴定。对残片进行鉴定和归整，还需要做长期而大量的工作。这项工作要求研究者既要掌握西夏文，又要通晓汉文和藏文。俄藏黑水城出土汉文文献的整理与编目，基本上是与西夏文文献同时进行的。

俄藏黑水城文献大部分内容的公布，是在上世纪末和本世纪初，出版了俄罗斯圣彼得堡东方所、中国社科院民族所、上海古籍出版社编《俄藏黑水城文献》(共11册)。全书将汉文文献、西夏文世俗文献、西夏文佛教文献三大部分出版，每一部分皆独立起讫、自成系统。

第一册于1996年12月出版，刊布的《吕观文进庄子义内外篇》是中国久佚的北宋绍圣年间刻本。

第二册共收50余号汉文文献，所收佛教文献为夏、金、元刻本、写本。其中有法律文献《天庆年间裴松寿处典麦契》等被收入该册的社会文书类中。

第三册主要是宋夏金刻本，佛教及道教文书。

第四册于1997年8月出版，除有佛教典籍外，在世俗文献中有《至正年间提控案牍与开除本路官员状》等30余种元代各种类型的文书。

第五册于1998年12月出版，收汉文文献60余号，写本居多，文献内容丰富。

有术数类写本、佛教论著等。刊本则有宋刻《汉书》、《历书》、《晋纪》等。

第六册于2000年12月出版,收50余号汉文文献,以宋、夏写本居多。最著名者为《宋西北边境军事文书》,另有法律文书,如《伪齐阜昌二年秦风路第柒将冯发遣状》、《元皇庆元年刑房大赦令》等。第六册是汉文部分的最后一册,附有全部汉文文献的叙录、年表、分类目录、索引。

第七册于1997年8月出版,收四种西夏文文献字书与韵书的各种刻本和写本。

第八册于1998年12月出版,此册为西夏法典《名略》和《天盛改旧新定律令》(刻本)文献。

第九册于1999年8月出版,收《天盛改旧新定律令》(写本)、《法则》、《亥年新法》、《贞观玉镜统》、《官阶封号表》等五种西夏法律文献。其中,《法则》和成书于西夏神宗光定乙亥年(1215)的《亥年新法》对《天盛律令》多有补充与改订。《贞观玉镜统》则是西夏崇宗贞观年间(1101—1113)编修的军事法典。《官阶封号表》以表格形式列出西夏帝后以下官吏的品级和封号。

第十册于1999年9月出版,收西夏文童蒙字书、历史、医书、类书、词曲谣谚及杂著多种。

第十一册于1999年10月出版,收西夏人所译汉文典籍16种。如西夏文草书《孝经》,译自宋朝吕惠卿注本。另有叙述君王治国方略的《德行集》,经鉴定为最早的活字印本。

英藏黑水城文献以西夏文献为主,还有部分宋、金、元时期的文献,"英藏"收录的西夏文献比较集中,约4000个编号。斯坦因所获黑水城遗书收藏在大英图书馆东方部,入藏以来,并没有按照语种或按照主题分类,原始登录号的制定依据是按照这批文献最初运抵英国卸装时文物取出的先后次序进行编排的,即自然编号。从整体来看,由于英方缺少西夏学方面的专家,而且保管西夏文献的图书管理员又不具备西夏文书的认读水平,因此西夏文献直到现在仍然保留着当时入藏登录的原始状态。

英藏黑水城文献的原始登录编号存在着不少重复、错误的情况,中国的一些学者根据英方提供的全套英藏黑水城遗书的缩微胶卷对其进行了整理,已将编号重复、错误之处统一进行了调整。经过三次鉴定,英藏黑水城文献的全部残页编号约7300个,文献的文字种类除大量的西夏文外,还有为数可观的波斯文、藏文、回鹘体蒙文、巴利文、梵文等,内容广泛,涉及法典文献、军法兵书、典当契约、韵类辞书、诗歌艺文、医学药方、星历占卜、佛经等。

2005年8月,由西北第二民族学院、上海古籍出版社、英国国家图书馆编《英藏黑水城文献》(4册)出版。

第一册收录斯坦因于1915年发掘获取的黑水城文献1001—2145号,均为14世纪西夏文刻本和写本,内容包括大量的西夏文法律、语言学、社会生活文献,以及译自藏、汉佛教典籍。

第二册主要是收录西夏文刻本佛经和手写文献。手写文献内容更为广泛，多为草书，有账册、牒状、医书、史书、书信等。

第三册收录多为西夏文刻本和写本。其中刻本多佛经，还有较为著名的《天盛改旧新定律令》。而写本文献有契约、历书、医书、账册、卜占书等社会文书。

第四册收录文献内容丰富，有西夏文佛经、佛教文书、世俗社会文书等多种，有版刻、活字本、手抄本各类形式。尤其手写草体文书，内容复杂，许多文字尚在研究之中。

国内收藏的黑水城出土文献，已于2006年由宁夏大学西夏学研究中心、内蒙古自治区文物考古所和甘肃省古籍文献整理编译中心联合整理编纂，国家图书馆出版《中国藏黑水城出土文献》，书中收录的黑水城汉文文献，主要是1983年和1984年两次考古发掘所获以及1962年至1979年各文博部门采集的少量汉文文书。收录国内现有的黑水城4213件汉文原始文献，多为手写件，也多为孤本。文献所记内容跨越数百年，涵盖了唐、五代、宋、西夏、伪齐、金、元(含北元)等许多朝代。有公文、契约、书信、借据、票据、印章、批注、账单……分为农政、钱粮、俸禄与分例、律令与词讼、军政与站赤、票据契约卷宗书信、礼仪儒学文史、医算、历学、符占、秘术、堪舆地理、佛教、图画印章及其他文书。其中的法律文献至今未进行统计与整理，本章不进行叙述。

黑水城遗址

二、西夏法律文献类别

经过了一个多世纪对西夏文献的初步整理与研究，目前所知和整理出的法律文献有以下几类：

(一) 法典类

《天盛改旧新定律令》 黑水城遗址发掘的西夏文天盛年间律令残卷，俄藏有刻本和写本。《天盛改旧新定律令》，亦可译为《天盛革故鼎新律令》，简称《天盛律令》。《天盛律令》的《颁律表》中开宗明义说明修订新律的缘由：

> 奉天显道耀武宣文神谋睿智制义去邪惇睦恭皇帝，敬承祖功，续秉古德，欲全先圣灵略，用正大法文义。故而臣等共议论计，比较旧新律令，见有不明疑碍，顺众民而取长义，一共成为二十卷，奉敕名号《天盛改旧新定律令》。印面雕毕，敬献陛下。依敕所准，传行天下，着依此新律令而行。

具名的修纂人有23人，主持人皇族嵬名氏，官居北王兼中书令。以下修纂人的官职有中书令、枢密、经略司、殿前司等品级的正、副官员。

西夏文《天盛律令》编纂颁行的年代始终存有争议，由于今发现的《天盛律令》刊本残卷上未见有绝对纪年，故对其编纂与颁行的具体年代主要有三种意见。一为1149—1170年；一种认为不晚于1182年；另一种认为成书于1150年。

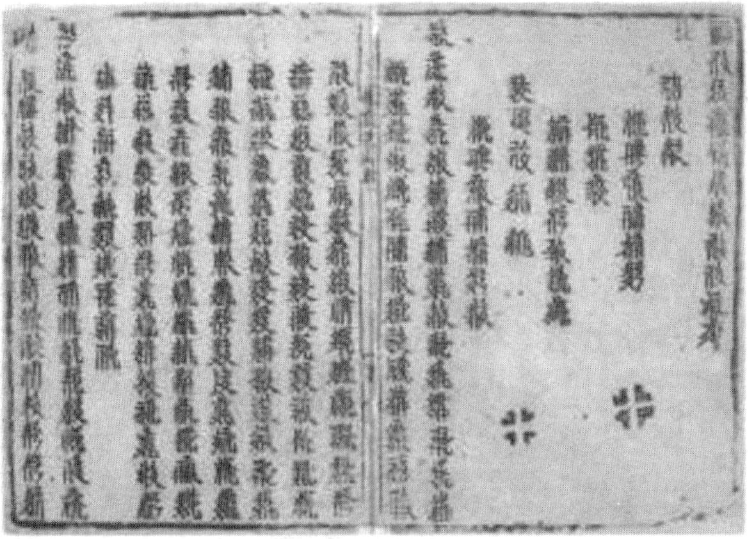

西夏文刻本《天盛改旧新定律令》(简称《天盛律令》)

《天盛律令》二十卷，西夏文木刻本，蝴蝶装。黑水城发现的西夏文献中也有《天盛律令》的西夏文卷子装写本。该写本卷子本可补刻本卷十四残本中《误殴打争斗门》之二十三条阙文。刻本蝴蝶装，页面上下单栏，左右双框，中有书口。版心上部刻西夏文“律令”二字及卷次。如第一卷西夏文汉译“律令第一”。版心下部以汉字标记页数，每卷自成起讫。今存卷次中，第十六卷全卷亡佚，其余各卷页面有部分残损者。全部《天盛律令》内容结构安排是：前有各分卷目录和条目名称；每卷卷首为律令名、卷次和本卷分门目录；正文中，每卷若干“门”，“门”下分“条”，有的“条”下又分“款”，有的“款”下还分“项”。书写款式：“门”下各“条”以西夏文“一”字为起首语，顶格书写，“条”下“款”或“款”下“项”分别依次降格书写，使门下条、款、项层次分明。全部律令现知有 150 门，1463 条。黑水城文献中发现的《天盛律令》“名略”部分，是该律令条文的一份详细目录，或条文内容提要，也可能是实际应用律令时为查找相关问题的条款提供便利而编制的索引。据称《名略》共分两卷，第一至十卷为上卷，十一至二十卷为下卷。现存残本有写本和刻本两种，共有 1470 余条。

西夏《天盛律令》各卷所属门的标题目次如下：

第一卷　共十门

1. 谋逆　2. 失孝德礼　3. 背叛　4. 恶毒　5. 为不道　6. 大不恭　7. 不孝顺　8. 不睦　9. 失义　10. 内乱

第二卷　共九门

1. 八议　2. 亲节　3. 罪情与官品当　4. 贪状罪法　5. 老幼重病减罪　6. 不奏判断　7. 黥法　8. 杀牛骆驼马　9. 戴铁枷

第三卷　共十五门

1. 盗亲　2. 杂盗　3. 群盗　4. 重盗　5. 妄劫他人畜驮骑　6. 分持盗畜物　7. 盗赔偿返还　8. 自告偿还解罪减半议合　9. 追赶捕举告盗赏　10. 搜盗踪迹　11. 问盗　12. 买盗畜人检得　13. 盗毁佛神地墓　14. 当铺　15. 催索债利

第四卷　共七门

1. 弃守营垒城堡溜等　2. 弃守大城　3. 边地巡检　4. 敌军寇　5. 边主期限　6. 修城应用　7. 敌动

第五卷　共二门

1. 军执兵器供给　2. 季校

第六卷　共七门

1. 起兵集校　2. 官披甲马　3. 军人使亲礼　4. 纳军籍磨勘　5. 节上下对他人等互卖　6. 抄分合除籍　7. 行监溜首领舍监等派遣

第七卷　共七门

1. 为投诚者安置　2. 番人叛逃　3. 敕禁　4. 邪行　5. 行职　6. 妄派　7. 杀葬赌

第八卷　共七门

1. 烧杀伤　2. 相伤　3. 夺妻　4. 侵凌妻　5. 威势藏妻　6. 行非礼　7. 为婚

第九卷　共七门

1. 司事执集时　2. 事过问典迟　3. 诸司判罪　4. 行狱杖　5. 越司曲断有罪担保　6. 贪奏无回文　7. 盟言

第十卷　共五门

1. 续转赏　2. 失职宽限变告　3. 官军敕　4. 司序行文　5. 遣边司局分

第十一卷　共十三门

1. 矫误　2. 出典工　3. 射刺穿食畜　4. 渡船　5. 判罪逃跑　6. 使来往　7. 检视项　8. 派供给者　9. 为憎道修寺庙　10. 共畜物　11. 分用私地宅　12. 草果重讼　13. 管贫智高

第十二卷　共三门

1. 无理注销诈言　2. 失藏典　3. 内宫待命等头项

第十三卷　共七门

1. 许举不许举　2. 举虚实　3. 功抵罪　4. 派大小巡检　5. 逃人　6. 遣差人　7. 执符铁箭显贵言等失

第十四卷　共一门

误殴打争斗

第十五卷　共十一门

1. 催缴租　2. 取闲地　3. 催租罪功　4. 租地　5. 春开渠事　6. 养草监水　7. 纳冬草条　8. 渠水　9. 桥道　10. 地水杂罪　11. 纳领谷派遣计量小监

第十六卷　共八门

1. 农人利限　2. 派管粮农监　3. 园子　4. 摊地租　5. 催缴利限　6. 命置分等　7. 官地转隐农主逃亡入典　8. 头归卖地农主利限纳量

第十七卷　共七门

1. 斗尺秤换卖　2. 钱用毁市场　3. 库局分转派　4. 供给交还　5. 急用不买　6. 物离库　7. 派执事

第十八卷　共九门

1. 缴买卖税　2. 舟船　3. 杂曲　4. 盐池开闭　5. 能增定税罚贪　6. 派供给小监　7. 减摊税　8. 年食工续　9. 他国买卖

第十九卷　共十三门

1. 派牧监纳籍　2. 分畜　3. 减牧杂事　4. 死减　5. 供给驮　6. 畜利限　7. 官畜驮骑　8. 畜患病　9. 官私畜调换　10. 校畜磨勘　11. 牧盈能职事管　12. 牧场官地水井　13. 贫牧逃避无续

第二十卷　共二门

1. 罪则不同　2. 各种碎

《亥年新法》　《亥年新法》是《天盛律令》颁行之后所制定的又一部重要法典,

颁布时间大约在西夏桓宗纯祐、襄宗安全、神宗遵顼三朝之间。据《俄藏黑水城文献》第 9 卷"内容提要"介绍:《亥年新法》或简题《新法》,存写本多种。体例与《天盛律令》稍异,正文不立门类,唯其中屡屡引及《天盛律令》条文,并有补订之处。写本卷尾或题有光定四年(1214)款,则是书当修成于前。现存《亥年新法》诸本大多抄写仓卒,乃至同一册内有多人合抄者,故本卷之所以罗列甲、乙、丙、丁、戊、己、庚、辛诸本,仅为标识同一卷次的不同写本以便检索,而非文献学意义上的版本鉴定。截止目前,有苏俄学者戈尔巴乔娃和克恰诺夫两位先生在其合著的《西夏文写本与刊本》中对此作过简略介绍。国内近两年也有学者对此法律文献的部分内容进行了试探性的译释。

《法则》　《法则》出土于黑水城,写本,是近年来新辨识出的西夏法律典籍之一种。原书不署年款,估计成书略晚于《天盛改旧新定律令》,大约在 12、13 世纪之交。该书体例仿效《天盛改旧新定律令》,亦以"门"、"条"分列,内容是对《天盛律令》部分条目的补充或改订。至今尚无人译出。

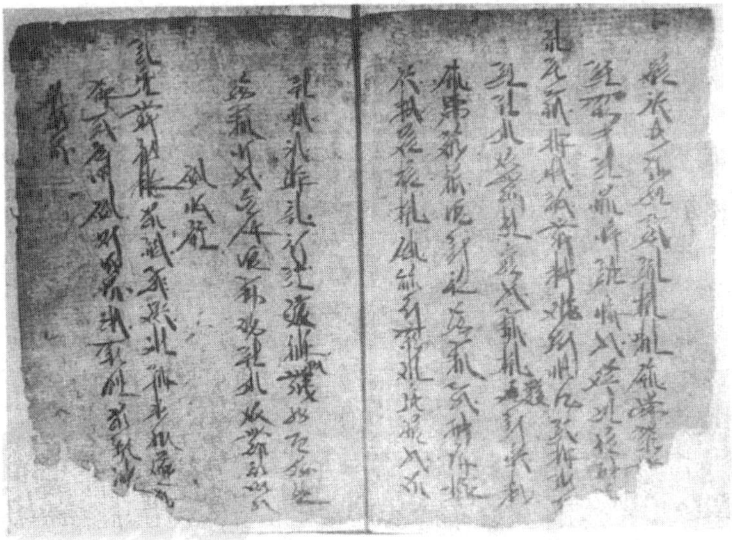

西夏文写本《法则》

(二) 军事法律制度

1990 年,俄国西夏研究专家、圣彼得堡东方学研究所克恰诺夫教授和德国军事史专家 H.弗朗克教授合作出版了关于黑水城出土的一部西夏时期的军事法典《贞观玉镜统》的研究专著,书后附有《贞观玉镜统》的全部西夏原文影印件,使世人得以见到这部埋藏了近九个世纪的西夏军事法典的本来面目。《贞观玉镜统》,系西夏文刻本,有的专家又译为《贞观玉镜将》,是西夏贞观年间(1101—1113)的一部专门的军事法典。这部军事法典是西夏文雕版印刷书籍,蝴蝶装,左右双栏,线条粗细不一,也不直,加工较为粗糙,但刻印的文字工整秀丽。空白处,还点缀有似花叶、几何纹的花押。中缝有两处西夏文字,上部三字,直译为“将一节”,“将二节”……即是书名、篇名《贞观玉镜将·将第一篇》、《贞观玉镜将·将第二篇》等,下部一个字,是数码字,即标明每页的页数。若按文面分,可分为三种版本,若按页面分,则有五种规格。综合起来分为六种。

现存的《贞观玉镜统》包括五个方面的内容:

(1) 序言,仅存一页。

(2) 政令篇,仅剩条目一页。

(3) 赏功篇,有条目和正文二十三页。

(4) 罚罪篇,有条目和正文三十一页。

(5) 进胜篇,有条目和正文十七页。

总计七十三页。

黑水城出土的《贞观玉镜统》保留了残序半页,指明此军事法典的制订为正军令、明赏罚,规范自将军至士卒在用兵、行军、作战时的行为。

卷一仅存目录 44 条,目录尚缺约 9 条,正文全佚。从目录可知内容为将帅受命、牌印旗鼓、行军布阵等。

卷二为“功品”,有目录 77 条,为正统军、副统军、行监、溜监、正首领、首领、士兵、使军等官兵在作战中杀敌、俘获的功赏。正文仅存 15 条,为正统军、副统军、行监的功赏。规定甚详,比如:

> 与敌军战斗中,亲手杀一人以上,一律加一官,当得三十两银碗,衣服一袭七带,五两银腰带一条,茶、绢一百份数等。

卷三缺正文 2 页,为“罪品”,其内容为统军、行监、溜监逃叛、迟缓、不协、损失兵马、虚报隐瞒俘获罪以及首长阵亡部下罪等。如未保护好上司,使其阵亡时,下属要承担罪责。如其中一条规定:

> 正副统军阵亡时,护卫、首领、未躯、亲随等四人当斩,家门当终身入农牧主中,队人一律二十杖,面上黥字,无期徒刑……行监阵亡时,护卫、首领、未躯、亲随等四人当斩,家门当终身入农牧主中,队人一律十七杖,耳后黥字,服六年苦役。

卷四完整,共 16 条,为“进胜品”。内容是关于正统、副统、行监、溜监、正首领、小首领、士兵、私人的进攻、胜利的规定。如:

行监在战斗中与敌人战，自未进，（敌人）因见军影逃跑失败，由于与前述自进灭敌军不同，不算灭敌军。所获多少人、马、披、甲按品种、数量赐官赏。因在御敌正统眼前战斗自往，首先自进，消灭敌人，获人、马、披、甲、旗、鼓、金等七种在一千五百种以下，则不算消灭敌人，若获一千五百种以上则算消灭敌人，当升八官，得八十两银碗，大上锦一匹，七两银腰带一条，银一锭，茶、绢各五百，五十抄军。

这种条款对将士的战场行为有明确的规范，能刺激将士拼命。像这样规定十分具体的军法相当罕见。

比较《天盛律令》中有关军事的条文和《贞观玉镜统》的条文内容，可以看出前者主要是有关守御边城、军资供给、季校集校、军籍磨勘的内容，后者是作战杀敌、胜败赏罚、进退功罪的规定。两者各有重点，相辅相成，珠联璧合。

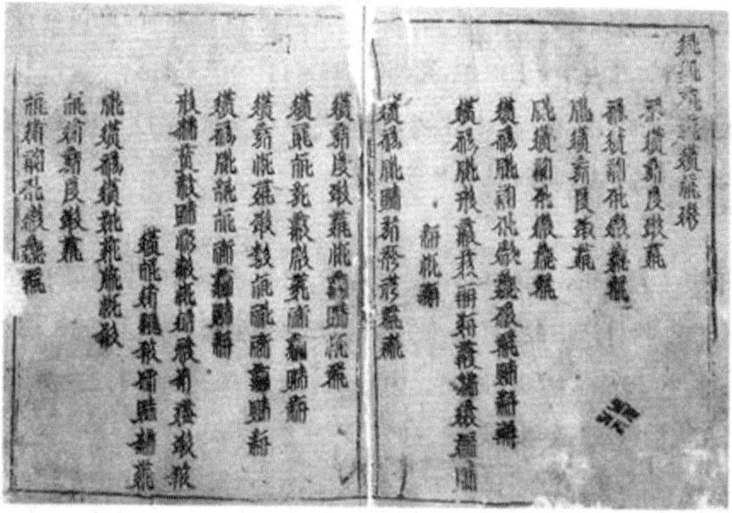

西夏文刻本《贞观玉镜统》

（三）契约合同类

目前对黑水城出土的汉文文书进行了梳理，涉及民间的有契约、书信、账单、习字、包封、柬帖、印本书籍及抄本。其中契约类的有 26 件，内容涉及有借小麦、种子、借钱、做工等。如黑水城出土的《天盛廿二年（1170）卖地文契》就是一份有价值的契约，我国学者陈炳应将其完整翻译：

天盛庚寅二十二年，立文约人寡妇耶六氏栗霜等，今自有一块豢养牲畜的零散地，有院墙，靠墙有三个窝棚，两棵柴树等，一向逸乐。耶六为女千出嫁,言明:一□□院价全齿骆驼二头,双齿的一头,旧伏的一头,共四(头)。此后,对于这块土地,诸人无得口角。若有人口角,栗霜对官食言时,则按律服罪,因不实×罪,罚纳小麦三十石,一言为定。是以丈行隅,量室间,(计)二十二亩。北与耶六肚吴嵬为邻,东南与耶敏□为邻,西与梁嵬名山为邻。

立文约人耶氏栗霜(画押),同典人子。
没罗果张(画押),同典人。
没罗烈则(画押)。
知见人耶六嵬玉(画押)。
梁屈千(画押)。
□乙嵬(画押)。
没罗西铁(画押)。
出纳税(画押)。
八□

编号 4193　天庆戊午五年卖地契

编号为 F13:W130 是一件涉及婚姻的文书,保存较为完整,人物关系也清楚,最为珍贵。该文书中有"立合同大吉婚书",可看出为婚书的性质,文书后又有"至正廿五年十一月初七日"的年代记载,故可定名为:

至正廿五(1365)年巴都麻改嫁合同婚书

立合同大吉婚书。文字人,领(岭)北傀列地面,系 / 太子位下所管军户脱欢等。今为差发重 / 仲(征),军情未定,上马不至,盘缠厥(缺)少,无可 / 打兑出期,今有脱火赤,军上因病身故,抛 / 下伊妻巴都麻,自为只身难以独居住 / 坐,日每无甚养济。今凭媒证人贴哥作 / 媒说合,与亦集乃路屯田张千户所管纳粮／军户，吴子忠家内存日从良户下当差吴／哈厘抛下长男一名，唤哈里巴台说合，作为／证(正)妻。对众亲眷，言定财钱，市斗内白米壹石／小麦壹石，人麦壹石，羊、酒、筵席尽行下足。／脱欢一面收受了。当择定良辰吉日迎取(娶)到家／。诚(成)亲之后并不欠少分文不尽财钱。如有脱欢／将弟妻巴都麻改嫁中内别有不尽言词：／前夫未曾身故，慢妹改嫁。一切为碍并不干／吴子忠之事，系脱欢等一面证人无头词；／如哈里巴台将伊妻不作妻室台举，罚小麦／壹石；如巴都麻不受使用，非理作事，正主婚／人罚白米壹石充官用度。恐后[无]凭故立大吉／合同婚书，文字为用□。

至正廿五年十一月初一七日　　正主婚人　脱欢⊙

付主婚人　巴都麻⊙

同主婚人　塔义儿⊙

同主婚人　帖木儿⊙

知见人　　李住哥

(“()”校正字，“/”表示转行，“[]”校加字，“□”脱落字，“⊙”表示画押。)

(四) 案牍类

黑水城出土的法律文献中，有一些案牍类的文书。如在《俄藏黑水城文献》第四册编号为 TK194 的一组文书被定名为《至正年间提控案牍与开除本官员状》，对研究元代俸禄制度和亦集乃路的官员任职情况有重要的价值。被定名为《至正年间提控案牍与开除本官员状》的一组文书共二件。

第一件：

〔前缺〕廿九日到任，□得禄秩自当年／十二月为始收□三付木房／依例施行／提控案牍赵刚，年四十八，宁／夏路儒户，准史房付：承奉／甘肃等处行中书省箚付：／中书省咨：至正十八年五／月初二日／□准下项官员充各各职名。□此。都／省咨请照验依例施行。准□〔后缺〕

第二件：

〔前缺〕□至正□／□到任，合得禄秩自／□年十一月为始支付，□付／本房依例施行／开除本路官陆员：／达鲁花赤上都驴亚中。／照得至正廿年十一月廿／□达鲁花赤□／儿不花亚中到任，将／本官代讫，本官禄／秩自当年十二月开除。／总管□因不花中顺。照得／□正廿一年十月廿三日有／总管秃鲁到任，将本／官代讫，本官禄秩／自当年十一

月开除。/ 判官贰员。/ 薄达实理武略。照得 / 至正廿一年四月廿二日有 / 判□□伯到任，将本〔后缺〕

两件文书前后均缺。文书字体为行楷，墨色浓匀。第一件文书共 10 行。第二件 20 行。这两件文书所载关乎官员俸禄，对我们认识元代的俸禄制度以及亦集乃路地方运转的状况很有意义，使我们能清楚地了解元末俸禄制度及具体执行情况。

（五）判例类

保存至今的十多纸西夏文《瓜州审案记录》残页分别藏于中国国家图书馆、北京大学图书馆以及日本龙谷大学等处。许多学者认为《瓜州审案记录》出自黑水城，但本文认为这是值得商榷的。《瓜州审案记录》系对一案件反复审理的真实记录，其中涉及被告、原告、审问、搜查、抓捕、服罪等，内容包括借贷、买卖、人命等，有的页面未记载审问时间，从天赐礼盛国庆元年至翌年（1070）七月，所记案情是商贾买卖牲畜、交换物品而引起的侵夺伤害事件。我国学者王静如先生和陈炳应先生对部分残页进行了译释，如王静如先生共翻译了五页，其中一页的译文为：

……遂为杀，故那尼征有过失。我入彼吃宁合村，言不知。八豆者寻人中，顺此索借，我有其铸银近万，乃持折验，诸处为贩，无买者。此后讲便卖，未卖，顺德知其具问重问，不同原状之语，时那尼征因言伏罪。

天赐礼盛国庆二年六月日，那尼征（画押）。
尼德之追问。十六（日）。（画押）。
勤断（画押）。

西夏文天赐礼盛国庆元年《瓜州审案记录》

（六）狱典类

黑水城发现的西夏文书中有“狱典”残卷，是记载西夏监狱管理制度的，如规定：无论何人昔日作恶多端，入狱需教以正道，使其明了罪恶性质及大小程度。在黑水城发现的西夏汉文文书中，还有一份夏神宗光定十三年（1223年）的“千户刘寨申报具列处决人名状”，并已获准。

译文如下：

……死人姓名开。/ □下项：/ 刘千户本户下杀了一口，名刘胜。/ 杨青士户下驱虏两口：/ 男子名□□，年十岁；/ 女子名□□，年十一岁。/ 祁师子户下杀了四口：/ 祁师子杀了，/ 祁赛兑杀了，/ 祁伴叔杀了，/ 女子杀了一口，名女丁。/ 王望喜户下杀了一口：/ 王望喜杀了，/ 杀了人口见见尸首。/ 右谨具申 / 闻谨状 / 光定十三[年]十月初四日杀了人口 / 刘寨□状

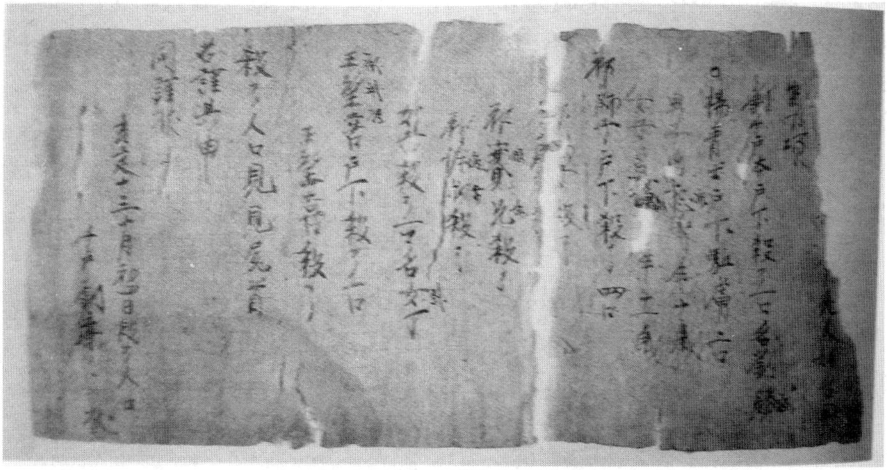

光定十三年千户刘寨杀了人口状

（七）其他司法文书类

在黑水城出土的法律文献中，还有大量未经整理的司法文书。这部分文献也非常有价值，如俄藏编号NHB.NO.1381，有封套裱纸，麻纸书写。释文如下：

医人康□……

准□□□□月十三日□□嵬……

自鼻内见有血□，验是拳手伤，无妨……

验已,后稍有不同,依条承受□□

乾祐五年三月　日

这是一件医人验伤的文书,这份“验伤单”对我们研究当时如何验伤、审判中法医学的运用等,显得弥足珍贵。

相比较数量庞大、保存完整的俄藏黑水城法律文献,英藏黑水城法律文献则数量偏少,且文献破损较严重,但保存有较多的社会法律文书,内容涉及西夏、宋、元时期诸多方面。

英藏黑水城文献中,契约类民间经济活动文书的学术价值最高,其中有一部分文书保存得比较完整。汉文和西夏文契约、粮草账册和户籍册共37件,从一个侧面反映出西夏、宋、元时期西北地区的经济发展情况。英藏黑水城出土法律文献,目前所知主要有:

(1)《天盛律令》

英藏黑水城文献保存的《天盛律令》共有卷三、六、九、十、十二、十三、十七、十八卷部分内容,另有卷门待定的2件,共计10件。卷三:盗亲门、杂盗门、群盗门,发现1件文献;卷六:抄分合除籍门、官披甲马门,发现4件文献;卷九:事过问典迟门,发现1件文献;卷十:司序行文门、得续官军敕门,发现29件文献和若干碎片;卷十二:失藏典门,内宫待命等头项门,有10件文献;卷十三:派大小巡检门,发现2件文献;卷十七:供给交还门,发现14件文献;卷十八:舟船门,存6行;卷门待定的有2件文献。

(2) 律书残件

英藏黑水城文献中,保存有数量较多的律书残件,均为西夏文。大部分为西夏法典《天盛律令》的残件,还有一部分是属于其他律书的内容,但不能断定律书的名称。

(3) 契约20件

全部为汉文文献。保存最完整的当属天庆十一年典当文契,是西夏契约中最有学术价值的珍贵资料。这批契约文书,在20世纪50年代由法国著名学者马伯乐刊布。20世纪80年代我国学者陈国灿对这批契约文书重新复原,修补了马伯乐的某些失误之处。现在英藏黑水城文献又发现了4件天庆十一年典当文契,编号相连,明确写有天庆十一年字样,编号OR12380/2731、2732、2733、2734,这4件文契当年被英国图书馆误编入西夏文部分,故长期被人们遗漏。另外还有一件汉文契约残件,编号NO476－KKO232WW,存4行,残损严重,提及证人。

(4) 名称不详的法律文献

英藏黑水城文献中,发现一批名称不详的法律文书,其内容在俄藏黑水城文献中未见,须有关专家研究。这批文献中,提及武学子、提及男婚嫁、提及纳粮规定,详细内容待考。

(5) 其他文书

英藏黑水城文献中还有少量的信札和名册残片，完整内容难以辨认。

三、整理利用西夏法律文献的难点

黑水城文献数量巨大，种类繁多，历时弥久。由于不同时期的盗挖或发掘者采取的手段以及保存的方式均不相同，再加上文献出土后又经流散、异地收藏，故而，目前我们在对黑水城出土的法律文献（主要是俄藏文献和英藏文献）进行整理和研究时，首先需要注意的是文献出土地辨析、残件缀合、文献内容的确定和断代等问题，还要注意法律文献与其他文献的区分。

(一) 译释、录文

黑水城出土的法律文书从文字上分类，分西夏文法律文献和汉文法律文献。西夏文的译释，国内外目前虽然取得了很大的成就，但还存在许多未能解决的问题，对一些西夏文的解读尚存在很大的争议。更何况法律文献中有许多特定的法律术语，译释的难度就更大。目前完整译释出的西夏文法典《天盛律令》，还存在许多值得商榷的地方。

黑水城出土的汉文法律文献的释读看起来很容易，其实并非如此。这些法律文书有些是写本，很多是行书，甚至是草体字，还夹杂着异体字，给释读造成很大困难。虽经多位专家长时间反复释读，但仍有很多疑点，值得探讨。例如，《俄藏黑水城文献》第4册，TK200原题为“魏得又典地契”。在出版前，史金波先生对此件审视再三，从字形和人名常用字两个方面考虑，提出“又”应是“义”，后改为“魏得义典地契”。

(二) 复原

黑水城出土法律文献存有大量散卷、残卷、残片，对这些法律文献的缀合，也是黑水城出土法律文献整理、研究工作中一项极其重要的工作。收藏在黑水城遗址中的中古时期文献，历经西夏末、元代到明初战乱的劫难，经历了20世纪初俄、英等国探险家的野蛮发掘、掠夺，流失国外。现今，除收藏在俄罗斯东方学研究所圣彼得堡分所柯兹洛夫获自黑水城“著名的塔”中的《天盛律令》相对完整外，柯兹洛夫得自黑水城遗址的其他法律文献，以及随后斯坦因所获黑水城法律文献，则基本上是散卷、残卷、残片。以上这些出自同一遗址中的法律文献残卷、残片，如何拼接与缀合，复原其法律文献的本来面目，是黑水城法律文献整理与研究者肩负的重任。

目前，对黑水城法律文献散卷、残卷与残片的缀合，可以借鉴前辈对黑水城出土文献整理中总结出的一些经验。首先应考虑的是，对同一发掘者、同一时期、同一地点、同一遗址出土并收藏不同地方的法律文献的缀合。如柯兹洛夫的俄国收藏品、斯坦因的英国收藏品和内蒙古文物考古队的收藏品等。不同时期出土、异地的收藏品在总体上都是一致的,其缀合范围可以不受上述限制。其次,残片的缀合,如缺乏同一文献的标题和年代,则可根据文献内容、性质、写本与刻本、装帧、纸张、墨色、行款、字体等,归类比对。在这种情况下,要想对之加以利用就需要动用丰富的法史知识进行细致地释读和考证研究,惟其如此,才能使这些支离破碎的材料变得生动、鲜活,显现其价值。

(三) 甄别

西夏法律文献甄别,系指对收藏于不同国家、出土于不同地点的西夏法律文献加以确认,避免与其他文献的混淆。如俄国收藏的西夏文献系经多人之手而成。其中,有柯兹洛夫收集品,即1908—1909年俄国探险家柯兹洛夫于黑水城遗址掘获的唐、五代、宋、西夏、金、元时期的文献,统称为"黑水城文献"。有以奥登堡为首的1909—1910年第一次吐鲁番考察团带回俄国的文献。还有部分写卷是驻乌鲁木齐俄国总领事H.H.克罗特科夫于1909—1910年收集的,以及C.E.马洛夫和阗考察团交给该研究所文献馆的。俄方收藏的这些文献除少数写卷以外,不登记来源,也没有另外编号的记载。又1914—1915年奥登堡考察团在敦煌莫高窟发现了大量的古代写卷残卷。此外,他从当地民众手中收集到大量散失的残卷与将近200件一定程度上还算完整的写卷,也收藏在俄罗斯东方学研究所圣彼得堡分所。如此保存不免将敦煌和新疆等地获取的古代文献与黑水城文献混为一谈,有的学者已经考证出黑水城文献与敦煌文献的互串。所以在整理研究黑水城法律文献时,要注意到文献的甄别,以免将敦煌文献、新疆文献误认为黑水城文献。

(四) 定名

定名是整理研究西夏法律文献的一项重要内容,也有相当难度。如有的学者对俄藏编号为TK194的一组定名为《至正年间提控案牍与开除本官员状》的文书作考释后认为,该文书应定名为《元代至正间亦集乃路钱粮房官员请俸文书》。这件文书印证了元代俸禄制度中"职官上任不过初二日,罢任已过初五日,并给当月俸"的法令,在元末仍然具有法律效力。亦集乃路官员所支俸秩当无职田,而支取俸钱和口粮。可见法律文献的定名直接影响着该文献的特性与范围。

(五) 断代

断代是整理西夏法律文献的又一重要步骤。时代的断定是文书研究的基础,有些无明确时代标志的文献,其时代的断定又是研究的成果。西夏法律文献跨越了几个历史时代,包含了多个王朝,其断代更为复杂、困难。对西夏法律文献的断代,过去国内外专家做了大量卓有成效的工作,值得赞许。但是,有些文书的断代仍有讨论余地。无明确时代标志的文献断代,有时要依据内容判断。如《俄藏黑水城文献》第六册NO. 4991"刑房告状案",定为"西夏写本"。然而,依文内的"征西元帅府下千……"和"百户"等内容考察,应不属西夏时期。又如NO. 5176"西北诸地马步军编册”也定为“西夏写本”，但从人名、地名、职官、军名等来看非西夏之谓，而是金代文书。

总之，整理和研究西夏法律文献是一项细致而复杂的工作，也是一个长期过程。好在有越来越多的专家予以关注，无论是录文，还是定名、断代等，都愈益准确。

四、西夏法律文献的研究现状与前瞻

目前对西夏法律文献的研究成果，从上世纪五十年代起逐步展开，主要分为著作与论文的形式。现统计如下：

著作：

《唐古特国的军事法典：1101 年至 1113 年的〈贞观玉镜统〉》，载《东方的文字奏折：历史语言学研究 1969 年手册》，莫斯科，1972 年。

《西夏官印汇考》，罗福颐辑、李范文释，宁夏人民出版社，1982 年。

《天盛改旧新定律令》（四卷），[俄]克恰诺夫著，苏联科学出版社，1987—1989 年。

《西夏法典——〈天盛改旧新定律令〉》（1—7 章），[俄]克恰诺夫译，李仲三译、罗矛昆校，宁夏人民出版社，1998 年。

《贞观玉镜将研究》，陈炳应著，宁夏人民出版社，1995 年。

《西夏天盛律研究》，王天顺主编，甘肃人民出版社，1998 年。

《天盛改旧新定律令》，史金波、聂鸿音、白滨译著，科学出版社，1994 年；修订本，法律出版社，2000 年。

《法典中的西夏文化——西夏〈天盛改旧新定律令〉研究》，杨积堂著，法律出版社，2003 年。

《〈天盛律令〉与西夏法制研究》，杜建录著，宁夏人民出版社，2005 年。

《西夏法律制度研究——〈天盛改旧新定律令〉初探》，姜歆著，兰州大学出版社，2005 年。

《西夏法律制度研究》，陈永盛著，民族出版社，2006 年。

《西夏法制研究》，邵芳著，人民出版社，2009 年。

《〈天盛律令〉研究》，杜建录，波波娃主编，上海古籍出版社，2014 年。

论文（截止到 2015 年 12 月）：

篇　名	作　者	刊　物	时　间
有关西夏政权机构的西夏文史资料（“官阶封号表”）	[俄]克恰诺夫	亚洲民族研究简报	1965

续表

篇　名	作　者	刊　物	时　间
关于西夏的法典	[日]冈琦精郎	历史学家	1953
西夏法典序	王静如	宁夏大学学报	1990 .1
西夏法典	李范文	宁夏大学学报	1990 .1
《西夏法典》述评	李　温	法律科学	1990.2
试论西夏政权的性质	孙家华	江西社会科学	1990.3
西夏文·谷物借贷文书	[日]野村博，陈健玲编译	固原师专学报	1990.4
西夏官制述略	王绍昆	宁夏文史	第九辑 1991 年
西夏货币制度演变及其流通渠道	顾吉辰	宁夏社会科学	1991.3
西夏的丝路贸易与钱币法	陈炳应	中国钱币	1991 .3
西夏官阶封号表考释	李范文	社会科学战线	1991 .3
辽夏关系及其相互政策	陈炳应	宁夏社会科学	1991.4
北宋与西夏的间谍战	冯德文	历史大观园	1991.11
西夏法典中的货币	陈炳应	中国钱币学会成立十周年纪念文集	1992
西夏党项人的亲属称谓和婚姻	史金波	民族研究	1992.1
西夏谥法初探	顾吉辰	固原师专学报	1992. 3
西夏"称臣请封"析——兼论西夏政权的性质	朱筱新	西北第二民族学院学报	1992.4
试论西夏的历史分期——兼谈西夏立国方针的转变	李　蔚	甘肃社会科学	1992.5
西夏边防制度初探	杜建录	固原师专学报	1993.1
西夏兵书《贞观玉镜将》	陈炳应	宁夏社会科学	1993.1
西夏《天盛律令》略论	史金波	宁夏社会科学	1993.1
宋辽夏金民族政策管见	徐杰舜、罗树杰	黑龙江民族丛刊	1993 .3
试沧汉族政治经济文化对党项西夏社会发展的影响	李范文	中国民族史学会第四次学术讨论会论文	1993 .7
西夏的衡制与币制	陈炳应	中国钱币	1994.1
西夏的职官制度	史金波	历史研究	1994.2

续表

篇　名	作　者	刊　物	时　间
西夏的印章制度初探	陈炳应	宁夏社会科学	1994.2
西夏党项人的婚姻家庭	任　芳	中央民族大学学报	1994 .2
西夏法的特点	李　温、罗矛昆	宁夏法学	1994.3
西夏天盛二十二年卖地契文研究	王新元	西北第二民族学院学报	1994.4
西夏避讳制度初探	韩小忙	宁夏社会科学	1994 .5
论党项的宗法封建制	乔幼梅	烟台大学学报	1994 .6
西夏军律重典《贞观玉镜将》	胡若飞	宁夏社会科学	1994 .6
一部罕见的中世纪法典	李　温、罗矛昆	宁夏法学	1994 .2
西夏行政管理探微	雷天寿	宁夏大学学报	1995.2
佚失异域的西夏法典:《天盛律令》	白　钢	光明日报	1995.3.6
《贞观玉镜将》政译考	胡若飞	宁夏大学学报	1995.3
西夏史研究的两部重要史料——《圣立义海》《贞观玉镜将》简介	汤晓芳	固原师专学报	1996 .1
黑水城出土西夏军事法典《贞观玉镜统》		中国典籍与文化	1996.1
评《天盛律令》中的数学知识	苏冠文	宁夏大学学报(自然科学版)	1997.1
西夏官牧制度初探	杜建录	宁夏社会科学	1997 .3
西夏的内宿制度	杜建录	固原师专学报	1997. 4
略论《贞观玉镜统》	李　蔚	宁夏社会科学	1997.6
从《天盛改旧新定律令》看西夏妇女的法律地位	韩小忙	宁夏大学学报	1997.3
《天盛改旧新定律令》所反映的西夏佛教	韩小忙	世界宗教研究	1997.4
西夏行政管理体制特点刍议	雷天寿	天津师范大学学报	1997.6
《西夏法典》:研究西夏史的珍贵资料	李　温	丝绸之路	1997.6
西夏仓库制度研究	杜建录	中国史研究	1998.2
《天盛律令》与西夏丧葬制度	韩小忙	青海民族学院学报	1998.2

续表

篇　名	作　者	刊　物	时　间
《天盛律令》所反映的西夏道教	韩小忙	西北师范大学学报	1998.3
俄藏 6965 号《天盛律令》残卷考	聂鸿音	宁夏大学学报	1998.3
西夏政权立国基础浅析	宋东侠	青海民族研究	1998.4
试论西夏的婚姻制度:《天盛律令》	邵　芳	民族研究	1998.4
西夏的赋役制度	杜建录	中国经济史研究	1998.4
西夏水利制度	聂鸿音	民族研究	1998.6
西夏《天盛律令》成书年代辨析	聂鸿音	寻根	1998.6
从《天盛律令》看西夏京畿地区的经济状况	刘菊湘	宁夏社会科学	1998.3
从《天盛律令》看仁孝时期的西夏货币	李学江	固原师专学报	1998.4
西夏阶级结构研究	杜建录	固原师专学报	1998.4
西夏《天盛律令》及其法律文献价值	史金波	法律史论集(第一卷)	1998.9
西夏通史制度考述	刘兴全	首届西夏国际学术会议论文集	1998
《西夏法典》"比附律"考要	胡若飞	首届西夏国际学术会议论文集	1998
关于《天盛律令》的成书年代辨析	刘菊湘	固原师专学报	1998.4
天盛律令研究中的一节	刘菊湘	宁夏大学学报	1998.5
试论西夏妇女的社会地位	韩小忙	青海民族学院学报	1999.1
西夏水利法初探	杜建录	青海民族学院学报	1999.1
《天盛律令》与西夏婚姻制度	韩小忙	宁夏大学学报	1999.2
西夏刑罚制度初探	杨积堂	宁夏大学学报	1999.4
西夏的立法概况	赵江水	宁夏大学学报	1999.4
西夏仓库管理制度	刘菊湘	固原师专学报	1999.4
西夏亲属关系的法律效力及拟制	邵　芳	固原师专学报	1999.4
《天盛律令》与西夏社会形态	王天顺	中国史研究	1999.4
西夏畜牧法初探	杜建录	中国农史	1999.4

续表

篇 名	作 者	刊 物	时 间
西夏《天盛律令·亲节门》辨正	孙颖新、宋璐璐	民族语文	1999.5
西夏文书管理制度探微	尚宗池、赵彦龙	西北第二民族学院学报	1999.4
西夏的外戚专权及其影响	王德忠	松辽学刊	2000.2
略论西夏的小农土地制度	李 蔚	中国经济史研究	2000.2
论西夏的土地制度	杜建录	中国农史	2000.3
宋辽西夏时期的反贪启示录（上、中、下）	张金明	中国人事报	2000年10.24、11.3、11.24
西夏对外政策的历史考察	王德忠	求实学刊	2000.6
从天盛律令看西夏榷禁制度	张玉海	宁夏社会科学	2000.1
《天盛律令》所记的西夏手工业	杜建录	固原师专学报	2000.1
关于西夏边防制度的几个问题	陈广恩	宁夏社会科学	2001.3
元昊定制浅析	陆 宁	西北第二民族学院学报	2000.4
试论西夏谏官制度	赵彦龙	宁夏社会科学	2002.2
《西夏光定未年借谷物契》考释	王元林	敦煌研究	2002.2
西夏度量衡刍议	史金波	固原师专学报	2002.2
西夏货币制度概述	陈炳应	中国钱币	2002.3
儒家的"礼"与西夏《天盛律令》	陈 旭	西北第二民族学院学报	2002.3
略论西夏法律对于党项社会婚姻制度的规定	邵 芳	法律评论	2003.1
论西夏法典结构及其私法在其中的地位	姜 歆	宁夏大学学报	2003.1
论西夏的司法制度	杜建录	西北民族研究	2003.4
西夏司法制度述略	李 鸣	西南民族大学学报	2003.6
西夏婚姻家庭法律制度研究	邵 芳	河北法学	2003.5
西夏婚姻制度的特征——兼论女性在西夏婚姻中的地位	邵 芳	宁夏社会科学	2003.5
西夏的审判制度	杜建录	宁夏社会科学	2003.6

续表

篇　名	作　者	刊　物	时　间
论西夏法典中的刑事法律制度	姜　歆	宁夏社会科学	2003.6
西夏服制与亲属等级制度研究	邵　芳	法学评论	2004.3
西夏法典的编辑出版	史金波	出版发行研究	2003.9
黑水城宋代文书所见荫补拟官程序	孙继民	历史研究	2004.2
国家图书馆藏西夏文社会文书残页考	史金波	文献	2004.2
试论西夏的立法	陈永胜	甘肃理论学刊	2004.4
西夏党项社会的族际婚	邵　芳	西北民族研究	2004.3
西夏法律思想定型化初探	姜　歆	固原师专学报	2004.2
论西夏法典中的狱政管理制度——兼与唐、宋律令的比较研究	姜　歆	宁夏大学学报	2004.5
西夏户籍初探——4件西夏文草书户籍文书译释研究	史金波	民族研究	2004.5
《元黄庆元年(公元1312年)十二月亦集乃路刑房文书》初探	陈志英	内蒙古社会科学	2004.5
论西夏《天盛律令》的特点	杜建录	宁夏社会科学	2005.1
西夏《天盛律令》厩牧律考	姜　歆	宁夏社会科学	2005.1
西夏《天盛律令》的历史文献价值	杜建录	西北民族研究	2005.1
自然人文地理意义下的西夏法典	姜　歆	固原师专学报	2005.1
西夏农业租税考——西夏文农业租税文书译释	史金波	历史研究	2005.1
《宋靖康二年某路经略安抚司牒为施行赦书事》考释	张春兰	文物春秋	2005.2
《天盛律令》与西夏佛教	崔红芬	宗教学研究	2005.2
西夏文书档案立法脉络及特点述论	尚世东	宁夏社会科学	2005.2
西夏档案立法概述	尚世东	宁夏大学学报	2005.5
黑水城出土西夏文第8203号文书译释	[俄]克恰诺夫 崔红芬,文志勇译	宁夏大学学报	2005.5
试论西夏的刑罚	陈永胜	甘肃理论学刊	2006.1

续表

篇　名	作　者	刊　物	时　间
论西夏法律制度对中国传统法律文化的传承与创新——以西夏法典《天盛律令》为例	姜　歆	固原师专学报	2006.2
黑水城所出宋代统制司相关文书考释	陈瑞青	敦煌学辑刊	2006.3
论西夏法典《天盛律令》中的法医学	姜　歆	宁夏大学学报	2006.5
唐宋法律中儒家孝道思想对西夏法典的影响	邵　芳	法学研究	2007.1
西夏监察制度探析	张　翅	宁夏社会科学	2007.2
西夏法典《天盛律令》盐铁法考	姜　歆	宁夏社会科学	2007.2
元代亦集乃路税粮初探	潘　洁	内蒙古社会科学	2007.2
从俄藏黑水城文献看宋代公文的贴黄制度	陈瑞青	中华文史论丛	2007.2
西夏契约研究	赵彦龙	青海民族研究	2007.4
论西夏契约及其制度	赵彦龙	宁夏社会科学	2007.4
《天盛律令·司序行文门》与西夏政区刍议	杨　蕤	中国史研究	2007.4
关于一件黑水城宋代军政文献的考释	陈瑞青	文史春秋	2007.4
俄藏黑水城金代毛克文书初探	孙继民	历史研究	2007.4
西夏契约成立的要素	赵彦龙	宁夏师范学院学报	2007.5
黑水城所出一件元代职官文书考释	郑彦青	宁夏社会科学	2007.5
试论西夏的户籍文书——西夏账籍文书研究之一	赵彦龙	宁夏大学学报	2007.6
北元"宣光二年甘肃等处行中书省亦集乃分省咨文"考释	马顺平	内蒙古大学学报	2008.2
俄藏黑水城TK194号文书《至正年间提控案牍与开除本官员状》的定名与价值	张国旺	西域研究	2008.2

续表

篇　名	作　者	刊　物	时　间
英藏黑水城出土四件元代军政文书初探	许生根	宁夏社会科学	2008.2
俄藏敦煌文献ДХ.16714《提举司牒》校释及相关问题考略	魏郭辉	宁夏社会科学	2008.4
西夏契约再研究	赵彦龙	宁夏社会科学	2008.5
论西夏土地税帐册文书——西夏账籍文书研究之二	赵彦龙	宁夏师范学院学报	2008.4
西夏的宗教法	邵　芳	现代法学	2008.4
西夏法律与西夏社会——基于《天盛改旧新定律令》"畜物"条文的观察	陈　杰 刘国乾	学术探讨	2008.3
论西夏的奴婢制度	姜　歆	宁夏师范学院学报	2008.4
黑水城出土的几件汉文西夏文书考释	杜建录	中国史研究	2008.4
《西夏官阶封号表》残卷新译及考释	文志勇	宁夏社会科学	2009.1
俄藏黑水城文献《亥年新法》第2549、5369号残卷译释	文志勇	宁夏师范学院学报	2009.1
论西夏法典中的文书制度	高宗池、赵彦龙	青海民族研究	2009.1
黑水城所出《天庆年间裴松寿处典麦契》考释	陈　静	文物春秋	2009.2
唐与西夏婚姻制度之比较——以《唐律》和《天盛改旧新定律令》为中心	张永萍	河北学刊	2009.2
从《天盛律令》看西夏的税法	姜　莉	贵州民族学院学报	2009.2
黑水城出土元代亦集乃路选官文书	潘　洁	宁夏社会科学	2009.3
西夏法典《天盛律令》佛道法考	姜　歆	宁夏师范学院学报	2009.4
西夏的诉讼审判制度初探	邵　芳	法学评论	2009.4
西夏《天盛律令》里的中药名	聂鸿音	中华文史论丛	2009.4
西夏法律文献《新法》第一译释	贾常业	宁夏社会科学	2009.4

续表

篇　名	作　者	刊　物	时　间
西夏驿路与驿传制度	陈　旭	北方民族大学学报	2010.1
论西夏妇女的经济地位——以《天盛律令》为中心	李　娜	忻州师范学院学报	2010.1
西夏王朝捐税制探析	姚轩鸽	宁夏社会科学	2010.2
从《天盛律令》看西夏的婚姻法律制度	王　爽、蒋犀勐	重庆科技学院学报	2010.11
《天盛律令》卷一译释及西夏法律中的“十恶罪”	文志勇	宁夏师范学院学报	2010.5
经学在西夏的传承及对西夏法制的影响	姜　歆	宁夏师范学院学报	2010.5
西夏法律中的盗窃罪及处罚原则——基于西夏《天盛改旧新定律令》的研究	董昊宇	西夏研究	2010.4
西夏的监察制度初探	魏淑霞	西夏研究	2010.2
从《天盛律令》看西夏皇族	陈　玮	西夏研究	2010.2
传承与创新——以西夏法典为例	邵　方	中国法制史学六十年研讨会文集	2010
西夏官吏司法审判的职责权限及对其职务犯罪的惩处	魏淑霞、孙颖慧	西夏学	2010
《内宫待命等头项门》中的职官问题	徐伟伟	西夏学	2011
论西夏的“以赃断盗”——以《天盛律令》为中心	董昊宇	西夏学	2011
西夏法典对中华法系的传承与创新——以《天盛律令》为视角	邵　方	政法论坛	2011.1
西夏厩牧法简议	邵　方	法学评论	2011.4
简论西夏法典对买卖契约的规制	孟庆霞、刘庆国	北方民族大学学报	2011.6
未刊俄藏西夏文《天盛律令》印本残片	佐藤贵保、刘红梅	西夏研究	2011.3
论西夏法典中的拘捕制度	宋国华	宁夏社会科学	2011.5
黑水城出土法律文献的整理与研究概述	姜　歆	西夏研究	2011.3

续表

篇　名	作　者	刊　物	时　间
从天盛律令看西夏官库的收支	董昊宇、董雅慧	承德民族师专学报	2011.4
论 11—13 世纪西夏军法《贞观玉镜统》	弗兰克、岳海湧	西夏研究	2012.1
英藏黑水城文献中一件西夏契约文书考释	李晓明、张建强	西夏研究	2012.1
黑水城出土西夏文卖地契研究	史金波	历史研究	2012.2
西夏官吏"禄食"标准管窥——以《天盛律令》为中心	张玉海	宁夏社会科学	2012.5
西夏的兵役制度论	邵　方	中国政法大学学报	2012.5
西夏地理区划考论——以《天盛改旧新定律令》中的方位词为中心	潘　洁	西夏研究	2012.4
《天盛改旧新定律令·催缴租门》一段西夏文缀合	潘　洁	宁夏社会科学	2012.6
西夏契约中的担保制度	刘艳丽	学理论	2012.10
西夏寺院依附人口初探——以《天盛律令》为中心	崔红芬、文志勇	西夏研究	2013.1
西夏耕地保护法律初探	许光县	宁夏社会科学	2013.1
民间法视野下黑水城出土西夏文卖地契研究——兼与汉文卖地契的比较	韩　伟	宁夏社会科学	2013.1
民间法视野下黑水城出土西夏文卖地契研究——兼与汉文卖地契的比较	韩　伟	西夏研究	2013.2
儒家思想对西夏法制的影响	邵　方	比较法研究	2013.2
西夏"节亲"考	胡若飞	西夏研究	2013.2
《天盛改旧新定律令——(1149—1169)》——西夏法律文献《天盛律令》研究	克恰诺夫、唐克秀	西夏研究	2013.2
黑水城出土西夏文《亥年新法》卷十二考释	梁松涛、袁　利	宁夏师范学院学报	2013.2
西夏律法档案整理与研究	赵彦龙	青海民族研究	2013.3

续表

篇 名	作 者	刊 物	时 间
官法私契与西夏地权流转研究	张可辉	中国农史	2013.3
西夏与宋盗法比较研究——以《天盛改旧新定律令》与《庆元条法事类》为例	刘双怡	首都师范大学学报	2013.5
黑水城出土西夏《法则》卷八考释——兼论以例入法的西夏法典价值	梁松涛	宋史研究论丛	2013
西夏文《法则》卷八"为婚门"考释	王 龙	西夏学	2013
西夏官吏的考课惩奖制	魏淑霞	西夏研究	2013.4
从《天盛律令》看西夏的军事管理机构	姜 歆	西夏研究	2013.4
略论西夏法典对契约的规制	邵 方	法学评论	2013.6
关于西夏秃发令及发式问题	景永时	北方民族大学学报	2013.6
黑水城出土 NHB.NO.4794 西夏文法典新译及考释	梁松涛、张昊堃	中国古代法律文献研究	2014
从黑水城文献看西夏榷场管理体制	陈瑞青	宁夏社会科学	2014.1
黑水城出土西夏文《法则》卷九新译及其史料价值述论	梁松涛、张玉海	西夏研究	2014.1
西夏刺史简论——以《天盛改旧新定律令》为中心	刘双怡	前沿	2014.1
法律视域下西夏畜牧业管理机构及相关问题探析	郝振宇	陇东学院学报	2014.2
西夏附加刑考探	戴 羽	兰州学刊	2014.4
从《天盛律令》看西夏婚姻法	陈如衡	兰台世界	2014.11
黑水城出土《法则》性质和颁布时间及价值考论	梁松涛、杜建录	西夏学	2014
比较法视野下的西夏酒曲法	戴 羽	西夏研究	2014.2
再论西夏的官与职——以西夏官当制度为中心	梁松涛、张玉海	宁夏社会科学	2014.3
从出土档案看西夏官吏请假制度	赵彦龙、穆 旋	档案管理	2014.4

续表

篇　名	作　者	刊　物	时　间
论佛教戒律对西夏司法的影响	周永杰、李炜忠	西夏研究	2014.3
黑水城出土西夏文卖人口契研究	史金波	中国社会科学院研究生院学报	2014.4
西夏文卖畜契和雇畜契研究	史金波	中华文史论丛	2014.3
“他山之作”:11—12世纪远东国家使节交往的文献资料——西夏《天盛改旧新定律令》	克恰诺夫、王　颖	西夏研究	2014.4
黑水城出土法律文献中的贿赂犯罪述略	王　颖	四川民族学院学报	2014.6
西夏的民族习惯法	邵　方	中国政法大学学报	2014.6
继受和创新:法律文化交流视角下的西夏法制与中华法系	刘振宇	理论月刊	2014.12
论西夏社会保障	任红婷	宁夏大学学报	2015.1
西夏契约参与人及其签字画押特点	赵彦龙	青海民族研究	2015.1
西夏仓库生产管理职能初探	李柏杉	西夏研究	2015.1
论西夏的起诉制度	姜　歆	宁夏社会科学	2015.2
论西夏的审判制度	姜　歆	西夏研究	2015.2
黑水城出土西夏文《亥年新法》卷十三“隐逃人门”考释	梁松涛	宁夏师范学院学报	2015.2
从《天盛律令》看西夏的出工抵债问题——基于唐、宋、西夏律法的比较	谭戴丽、于光建	宁夏社会科学	2015.3
《天盛律令》中的西夏体育法令研究	戴　羽	成都体育学院学报	2015.4
论西夏司法官吏的法律责任	姜　歆	宁夏师范学院学报	2015.4
西夏马政述论	景永时	北方民族大学学报	2015.5
从黑水城出土典工档案看西夏典工制度	刘　晔、赵彦龙、孙小茜	档案管理	2015.5
从《天盛律令》看西夏水利法与中原法的制度渊源关系——兼论西夏计田出役的制度渊源	骆详译	中国农史	2015.5

续表

篇　名	作　者	刊　物	时　间
试论我国中古时期的成文宗教法——以西夏《天盛律令·为僧道修寺庙门》为中心	任红婷	宁夏大学学报	2015.5
西夏"秦晋国王"再考——简论西夏封王制度	王又一	淮海工学院学报	2015.6
从《天盛律令》看西夏法典的创新与作用	王晓萌	兰台世界	2015.6
西夏法律多元文化属性的特征及其演进方式	于　熠	贵州民族研究	2015.12
从武器装备看西夏仪卫制度	尤　桦	西夏学	2015
试论西夏中晚期官当制度之变化	梁松涛、李灵均	宋史研究论丛	2015

当前，关于西夏法律文献的研究挖掘潜力仍然很大，值得学术界下大力度予以关注。

西夏法律文献具有重要的学术价值。法典的价值自不待说，就是一些零散的法律文书也具有不可估量的价值。与法典不同，法律文书是当时应用的文字，用后往往成为"过时无用"之物，难得保存。由是之故，现存世的法律文书主要是近代出土于地下。这些都是历史上形成的原始记录，是未经人为加工，在实际生活中直接形成的真实记录。它们一般都是写本，很少刻本，多是没有复本的孤本。因此，可以预期，西夏的法律文书，必将为宋、西夏、元时期法制史的研究提供崭新的资料，其价值的开发，功能的发挥有更为广阔的空间。

国学大师陈寅恪提出过一个著名的、被学术界广泛接受的观点："一代之学术，必有其新材料与新问题。取用此材料以研求问题，则为此时代学术之新潮流。"① 对于学术研究来讲，西夏的法律文献的整理与刊布对于引领学术尤其是中国法制史、唐宋法制史、少数民族法制史等相关学科学术新潮流的作用日益明显，值得重视。

① 陈寅恪：《陈垣〈敦煌劫余录·序〉》，《金明馆丛稿二编》，上海古籍出版社，1986年版，第236页。

第二章　司法观念

公元6世纪中叶，中国西部的党项人建立起了统一的政权。自此，西夏在自己势力所及范围内逐步建立起一套完整的政权管理体制。法律制定与实施亦是其建章立制的重点，而指导法律制定的基础在于其遵循的法律观念。西夏司法观念主要受三方面的影响——儒家思想、法家思想和本民族的习惯法思想，其中儒家思想的影响在其制定的成文法典中表现的最为突出。

一、儒家思想对西夏司法观念的影响

就《天盛律令》来看，律令的第一、二卷所列各门，最直接反映西夏统治者在制定律令时所持的法制观、价值观及伦理观。我们对这两卷内容加以分析，会发现西夏的法制观、价值观及伦理观受儒家所倡导的法律思想影响较大。儒家的法律思想，是以建立统一的贵族政体、维护宗法等级秩序为基本点。提出了一整套旨在维护“礼治”，重“德治”，强调“人治”的法律观点。在《天盛律令》中反映出了这种儒家法律思想。

(一) 儒家思想在西夏的发展

元昊建立西夏王朝，基本上借用了中原王朝的一整套政治制度，同时加强了对儒家思想的吸收。元昊令他最得力的大臣野利仁荣将《孝经》、《尔雅》等儒家经典译成西夏文。元昊之子毅宗执政后继续大力推行儒学，1062年向宋朝献马五十匹，请求宋太宗赐《九经》、《唐书》、《册府元龟》及宋朝正旦冬至朝贺仪。[①] 由此可见，夏毅宗时儒学在西夏有了更大的影响。当时宋仁宗仅给西夏《九经》——《易》、《诗》、《书》、《礼》、《春秋》、《孝经》、《论语》、《孟子》、《周礼》。这些重要的儒家经典传入西夏以后，为西夏利用儒家说教来治政，奠定了重要理论依据。

夏惠宗时期，西夏御史中丞薛元礼建议设立“国学”以教授儒学。他说：

> 士人之行，莫大乎孝廉；经国之模，莫至于儒学。昔元魏开基，周齐继统，无不尊行儒教，崇尚《诗》《书》。盖西北之遗风，不可以立教化也。景宗以神武建号，制蕃字以为程文，在蕃学以造人士。缘时正需才，故就其

---

① (清)吴广成撰，龚世俊等校证《西夏书事校证》，甘肃文化出版社，1995年版，第237页。

所长，以收其所用。今承平日久而士不兴行，良由文教不明，汉学不重，则民乐贪顽之习，士无砥砺之心。董子所谓：不素养士而欲求贤，譬犹不琢玉而求文采也。可得乎？[①]

这一篇议论涉及的思想有三点：第一，提出儒学是治国之根基，列举古代北方少数民族政权尊行儒学的先例；第二，提出当前正是需要人才的时候，尤其能以儒学改变风气之人才；第三，如不兴儒学则产生极为不利局面的断言。薛元礼的这一建议被崇宗采纳了。于是，特建国学，聘请教授。选弟子三百人入学，并专设"养贤务"负责国学的廪食。从而进一步确立了儒学在国家政治生活中的作用。

（二）《天盛律令》中体现的儒家思想

《天盛律令》中的法律思想，是基于儒家的伦理法思想发展而来。这套法律思想以血缘宗法伦理为出发点、立足点，以伦理法律化为推进及捍卫伦理的手段，以法律伦理化的实现为目的。对于西夏法律的影响在于：

第一，西夏法律确立了"君"与"国土"与"民"的关系准则。"君"（即皇帝）是国家的唯一最高统治者，是国土和人民的最高所有者。这表明西夏君王实行的是"王土王民"制，即皇帝是最高土地所有者和以皇帝为中心的中央集权政治制度。这一内容显然来源于中国儒家思想。不外是对《诗经・小雅・北山》的"普天之下，莫非王土。率土之滨，莫非王臣"和《孟子・万章》的"天无二日，民无二主"[②]的模写。

中国春秋时期的孔子就曾主张"安上治民，莫善于礼"[③]。孔子认为单纯凭靠刑罚，不能使百姓养成遵纪守法之心，只有用礼义教育百姓，他们才能遵纪守法。孔子的礼治思想，到了汉代得以发扬。西夏的统治者很可能从孔子和汉代董仲舒的礼治思想中获得启发，认为只有礼才能统一全国上下，才能使百姓安分守纪，从而实现治国的目的。根据"礼之用，和为贵"[④]的儒家伦理观，指出实现礼治的关键在于"和"。如果君臣、父子、夫妇、邻里都能以"和"相持，全国上下就能和睦。因此，在《天盛律令》中多处反映出国家对臣民的体恤，节上对节下的亲疏，家主对奴仆的责任等。

第二，以德治思想为施政的基础。中国儒家的"天命"观认为，"天"是最高主宰，而天子是代行天令的人。"天命"观是与"德"相联系的。儒家典籍《尚书》道"天命有德"，认为只有像周文王、武王那般"克慎明德，昭升于民，才能得天命，得民和，才能为主且历年不衰"。而无德者如桀纣，则因"不敬厥德，乃早厥命"。孔子十分

---

① （清）吴广成撰、龚世俊等校证《西夏书事校证》，甘肃文化出版社，1995 年版，第 359 页。

② 杨伯峻译注《孟子译注》，中华书局，2012 年版，第 234 页。

③ （元）陈澔注《礼记・礼运》，上海古籍出版社，1987 年版，第 125 页。

④ 杨伯峻译注《论语译注》，中华书局，2015 年版，第 10 页。

简单地说:“为政以德。”[①]孟子言:“以德行仁者王。”[②]总之,中国儒家思想认为统治者权力来自“天命”的得失,取决于最高统治者“德”之有无。这就说明最高统治者权力来自“天命”的同时,对他们又提出了以德施政的要求。而且这种道德要求不仅及于作为最高统治者的“君”,而且及于作为“君”与“民”中介的“臣”,即各级官僚。孔子认为政治过程就是道德上由已及人的过程,即所谓“其身正,不令而行;其身不正,虽令不行”[③]。中国儒家的这种“德治”的政治理想,显然有益于西夏推行以官僚为中介直接统治庶民的社会秩序的需要。

西夏统治者高举道德政治的旗帜。提出了人首先要有“四正”的品行。所谓四正,就是“有孝德心,仁之正也;能善恶心,义之正也;为谦让心,礼之正也;知真实心,智之正也。人固有此四正”[④]。再按这四种伦理道德此标准,将人划分为“十二品级”授以官职。这一“德治”思想,是受到儒家理论的影响。

以往在西夏,血缘性是继承皇位的唯一标准,随着儒家“天命”观的深化,传统血缘性原理便从皇权和家族统治正当性的充分条件降为必要条件之一,是否为“有德者”则成为新的必要条件。这一必要条件的重要性有时超过血缘性原理,西夏社会中数次皇权废旧立新的依据就是缺失德治。中国儒家所提倡的“仁政”,逐渐被西夏的统治者视“德治”的主要内容;被儒家视为“仁政”表现的“启用贤人”“轻徭薄政”的主张,也在西夏统治中产生一定影响。

(三) 西夏司法观念所体现的儒法结合

《天盛律令》被公认为是西夏最完备的成文法典,这部法典从思想上、理论上阐述了君臣、父子的等级制度。规定了人与人之间不同的社会地位和权利义务。对此,学术界已有共识。但应该看到其中自始至终贯彻着“儒法结合”的司法观念,规定了礼治的内容和条律,同时又严于刑赏来维护这些内容。从而形成了独具特色的司法观念。

首先,确定“德主刑辅、礼法结合”的司制观。这是儒家伦理思想的最典型命题。法即刑,法律仅仅是辅助德教的工具,没有独立存在的价值。这一点《天盛律令》体现出来的是对于认可的道德伦理都以法律形式确立,并加之以刑名。

其次,重用贤人。《荀子·君道》曰:“有治人无治法,法不能独立,类不能自行,得其人则存,失其人则亡。”[⑤]所以,儒家法律思想十分重视贤人的功能。《天盛律令》把贤人划于“八议”之一,就是对于投靠西夏的敌人,只要有才能也予以善待。

---

① 杨伯峻译注《论语译注》,中华书局,2015年版,第16页。

② 杨伯峻译注《孟子译注》,中华书局,2012年版,第77页。

③ 杨伯峻译注《论语译注》,中华书局,2015年版,第195页。

④ 罗矛昆《〈圣立义海〉与西夏人的哲学思想》,载《首届西夏学国际学术会议论文集》,宁夏人民出版社,1998年版,第191页。

⑤ 《荀子集解》,中华书局,1988年版。

律令卷七中的“为投诚者安置门”很能说明这一点。

> 敌人真来投诚者，地边、地中军内及他人辅主等，愿投奔处当办理。其中若于敌界任高位，及一部部迁家统摄引导来投诚，并有实言消息送来者，视其人状、功阶，应得何官赏、职位。以及应按原自本部顺序安置，当依时节奏告实行。①

再次，关于犯罪和处罚，《天盛律令》以刑法作为威慑手段，奉行重刑主义的法家思想。提倡“顺其性而教之功利，因其俗而严以刑赏”②。《天盛律令》中认为谄诈、妄媚、诽谤都是不利于国、不利于民的大恶，是“大乱之本”，必须严惩。提出“明察功过，赏罚必当”的司法观念，防止纠正有功不察、有罪不惩的现象。对于一些恶性犯罪以及危害社会政治经济秩序的犯罪，在量刑上一般都是适用重刑。

二、西夏形成的主要司法观念

（一）礼法结合，服制入律

在儒家看来，为建立整合有序的社会，必须基于不同的社会地位，对不同的人界定不同的社会权利和规则。其中家庭关系和政治身份是最主要的指标，这就是“亲亲、尊尊、贵贱有别”。亲亲，就是家族之中父子、兄弟基于血统关系，各自享有明显不同的权利，承担不同的义务；尊尊，则主要是从政治等级的角度强调有别，指天子、诸侯、各级贵族以至平民之间各阶级在社会中的地位与权利义务；有别，是儒家法律思想的核心，不同的人犯了罪所承担的后果是不同的。孔子所说的：“其为人也孝弟，而好犯上者，鲜矣；不好犯上，而好作乱者，未之有也。”③其意为：对父、兄恭敬的人，很少有对上级不恭敬的，而这种恭敬的人绝不可能对君主进行反叛的。家族与国家的利益在这个意义上达到了高度的一致，变礼为律之全部精粹正在于此。《天盛律令》旨在实现的是这种父慈、子孝、兄良、夫义、妇听、君仁、臣忠的状态。律令的第一、二卷中具体化了的“十恶”、“八议”、“官当”等内容。正是反映了“礼法结合、以礼入律”的观念，将严重危害统治及礼教的十类行为特别列出。“十恶”为：1. 反逆、2. 大逆、3. 叛、4. 降、5. 恶逆、6. 不道、7. 不敬、8. 不孝、9. 不义、10. 内乱，犯此十恶，不在八议论赎之限，明确这十类犯罪绝对不能宽减处罚。

《天盛律令》第二卷所规定的“官当”与“八议”制度，更是贵贱有别的司法观念的具体化。官当，即允许以官位当徒刑，用官爵抵罪行。如律令中的“罪情与官品当”规定：

---

① 史金波等译《天盛改旧新定律令》，法律出版社，2000 年版，第 268—269 页。

② （清）吴广成撰、龚世俊等校证《西夏书事校证》，甘肃文化出版社，1995 年版，第 186 页。

③ 杨伯峻译注《论语译注》，中华书局，2015 年版，第 3 页。

诸有官人及其人之子、兄弟、另僧人、道士中赐穿黄、黑、绯、紫等人犯罪时,除十恶及杂罪中不论官者以外,犯各种杂罪时与官品当,并按应减数减罪,其法按以下所定实行,勿施一种黥刑。①

八议制度,即规定八种人犯罪时享有宽宥特权。《天盛律令》中所列的这八种人为:1. 议亲(皇帝之族、姻亲);2. 故人(长久待命,皇帝的故旧);3. 智人(其德行有影响的人);4. 善能(有大才干者);5. 有功(有大功勋者);6. 尊上(上层官僚);7. 勇勤(对国家有大贡献者);8. 宾客(邻国的统治者及其后代)。八议制度使得贵族官僚享有了更多的司法特权。

服制制度,是中国封建时代以丧服确定亲属范围、指示亲等的制度。服制原属于礼制,从晋朝"峻礼教之防"起,开始以五服入律。西夏的服制成为律典重要的组成部分,是刑事犯罪定罪量刑的标准之一。例如,《天盛律令》中规定有:

(1) 亲属间相伤杀

自穿三个月丧服至九个月丧服,节下人依次杀节上中一人时,不论主从,以剑斩。杀二人时,主谋之妻子及同居子女等当连坐,入牧农主中。与同谋者,一齐以剑斩。三人以上,不论正副一样,以剑斩,自己妻子,同居子女等人当连坐。若以行动未死,则已着未着、以伤未伤一样,造意绞杀,从犯徒十二年。虽起杀意,未暇行动,则造意无期徒刑,从犯徒十年,其故意杀者中妇人有子女者勿连坐。②

亲祖父母、父母、庶母等,故意杀自子孙之罪状,除第八卷上所列以外,节上人谋杀节下人,起意已伤,则与故意伤他人罪比,穿一年丧服减三等,自穿九个月丧服至五个月减二等,三个月减一等。已杀时按故意杀他人法判断。

妇人杀丈夫,使军、奴仆杀头监等者,一律不论主从,以剑斩,子女、家门不连坐。已动手未死,则无论已伤未伤,造意以剑斩,从犯无期徒刑。其从犯中行杀时,有手触丈夫、头监者,则手触者以剑斩。若已起杀心,而未及行杀者,造意绞杀,从犯徒二十年。③

亲祖父、祖母、父、母等有意杀己子孙时,杀一人徒八年,杀二人以上一律十年。④

---

① 史金波等译注《天盛改旧新定律令》,法律出版社,2000 年版,第 138—139 页。

② 史金波等译注《天盛改旧新定律令》,法律出版社,2000 年版,第 117—118 页。

③ 史金波等译注《天盛改旧新定律令》,法律出版社,2000 年版,第 118 页。

④ 史金波等译注《天盛改旧新定律令》,法律出版社,2000 年版,第 294 页。

(2) 亲属间相盗

盗五服以内亲节之牛、骆驼、马时,按减罪法分别处置以外,其中已杀时,无论大小,杀一头当徒五年,杀二头当徒六年,杀三头以上一律当徒八年。

盗、杀未及亲节以及他人等之牛、骆驼、马时,不论大小,一头当徒六年,二头当徒八年,三头以上一律当徒十年。①

穿三个月、五个月丧服等相互为盗时,当比他人盗窃罪依次减二等。

穿九个月丧服相互盗窃时,当比穿三个月丧服之罪减二等。

穿一年丧服相互盗窃时,当比穿三个月丧服之罪减三等。

穿三年丧服互相盗时,当比穿三个月丧服罪减四等。②

(3) 亲属间行淫

行非礼于一种节亲之罪,十恶门内不属宽宥以外,节内亲戚中行淫乱之罪,依以下所定判断,家门一种不治。

杂死:岳母、伯叔之妻、侄女、孙媳、孙女、重孙女媳。

十二年长期:祖父之姐妹、父伯叔兄弟之妻、伯叔未婚姐妹、母之亲姐妹、侄媳。

六年:伯叔子侄女媳、兄弟之侄女媳、舅之妻子、高祖兄弟之妻子、高祖之姐妹。

五年:兄弟之曾孙女媳、二节伯叔子女、二节姑姐妹、祖父之叔子兄弟之妻、祖父之伯叔子姐妹。

四年:亲侄母、伯叔子兄弟之妻、二节伯叔子兄弟之妻、三节伯叔子姐妹、三节伯叔子兄弟之妻、伯叔子侄之妻、二节伯叔子侄之妻。

后母从子之妻子与母之夫同居。

后母从女与母之夫同居。

为继子者父之女、姐妹、姐妹之女,继子继父之儿子及亲侄等淫于继子之妻子。

继子为父者之亲侄妻子、同母不同父姐妹、同母不同父兄弟之妻子、侄女之女、子盖、甥之妻、女之儿子之妻。

三年:虽不属明确宗亲,然而为各远节行非礼以及同姓婚姻。③

---

① 史金波等译注《天盛改旧新定律令》,法律出版社,2000 年版,第 154 页。

② 史金波等译注《天盛改旧新定律令》,法律出版社,2000 年版,第 160—161 页。

③ 史金波等译注《天盛改旧新定律令》,法律出版社,2000 年版,第 304—306 页。

(4) 亲属间不孝

父母、丈夫等应服三年丧服者已死,闻之而不哭泣时,徒三年。孝礼未毕而除丧服,忘哀寻乐时,徒六个月。游戏、听乐歌、坐他人筵上时,十三杖。又服一年丧服之节上死而不哭泣,徒三个月,除丧服、忘哀寻乐□□□□□□又服自九个月至三个月丧服死而不哭泣时,于前述服一年丧服之罪上,服者是节上则当减二等,是节下则当减一等。孝日以内下葬,则当除孝服。若无主贫儿无力服之,及依土地法无麻布等,不须服,勿治罪,当为自然孝礼。①

从以上各类规定可见,西夏有关亲属间的侵犯与伤害罪,根据血缘亲疏和尊卑长幼之序,制订了一系列特殊规定。总的原则是尊长杀伤卑幼,关系愈亲处罚愈轻。卑幼杀伤尊长,关系愈亲处罚愈重;财产侵犯罪则与此相反,关系愈亲处罚愈轻,关系愈疏处罚愈重;亲属间的奸淫,则无论尊卑长幼,关系愈亲处罚愈重。由此可见,服制对于定罪量刑的重要意义。

(二) 宽仁慎刑,考证详审

西夏确立了以"慎刑"为中心的司法原则。慎刑的基本要求是罪行相当、刑罚中正、轻重适宜。上述原则及其体现的精神,在《天盛律令》中规定的比较清楚。例如,对于事实明白而罪犯拒不说实话的,允许三番拷讯,一番笞三十。所用木杖以柏、柳、桑木制作,长三尺一寸,头宽一寸九分,厚八分,杆粗细八分,自杖腰至头表面置筋皮若干,并写明制作年月,盖有官府的烙印。同时对其它的刑具也有规定:

诸木枷、大杖斤两、厚薄当依以下所定而为之:

铁索、铁锁与无等□京师令三司为之,边中令其处罚贪中为之。木枷大杖等上当置有官字烙印。

杖以柏、柳、桑木为之,长三尺一寸。头宽一寸九分,头厚薄八分,杆粗细皆为八分,自杖腰至头表面应置筋皮若干,一共实为十两,当写新年日。

木枷长三尺九寸,宽三寸半,厚一寸半。②

对于违法拷讯,无理拷打,导致被拷打者死亡的,要追究有关人员的刑事责任。这说明西夏执法上虽严,但不允许过度施刑,对刑具的规定也是防止用刑过滥。

为了保证判决的公正和适用律令的准确,《天盛律令》规定:审判机关除了专门

① 史金波等译注《天盛改旧新定律令》,法律出版社,2000年版,第604—605页。
② 史金波等译注《天盛改旧新定律令》,法律出版社,2000年版,第324页。

负责讯问的"案头"、"司吏"等官吏外，另设一个"律案检"。所有审判的刑事案件，经审问后，由律案检在法律中找出相应的条文，用红字写于空白处，作为量刑的依据。如果负责审问的官吏定罪有误或负责检索法律的官吏引用法律有误，以及有受贿、挟嫌报复等情形的，要依法承担相应的刑事责任。《天盛律令》卷九"事过问典迟"门规定：

诸司查律令者，二案头、五司吏等一共当设七人，另当设一律案检。所有判断公事时，问处案人当告案，应有罪情、罪诋其后留白纸空头，经大人处判断□，当载律案检中，当查律令、罪法，以红字写于空头白纸上，律案检、案头、司吏当为实状，相接继，当予局分处，经判断实行。倘若问公事处案局分人核罪情及查律令有误时，受贿、相恶而增减者，当令与所增减比较，贿多则与枉法贪脏罪比较，从其重者判断。无意受贿，核校失误而致判断增罪，则减二等。已减罪，则减三等。尚未判断，则依次当再减一等。①

西夏的宽仁慎刑，还体现在对老幼妇残等弱势群体的体恤上，蕴含着鲜明的人文关怀和扶助老幼妇残的民族精神。《天盛律令》规定：

诸人老年至九十以上，年幼七岁以下者，有一种谋逆，当依时节奏告实行。其它犯各种罪，一律勿治。有教恶者则当承其罪。此外，老年七十岁以上至九十岁，幼年七岁以上至十四岁，及其他有重病等，谋逆、故意杀人、群盗、强盗等当依法承罪。此外犯各种罪者，依年龄、病轻重减免法，按以下所定实行：

老年七十岁至八十岁，幼年十一岁至十四岁，及有聋、哑、侏儒、腰折、手脚缺一支等病者，独自犯罪以及引导多人为造意，则当减一等，从犯减二等。重犯两次依法判断。

老年八十岁以上至九十岁，幼年七岁至十岁，及长长恶疮、有疯癫、手足中缺二肢，盲二目等重病者，独自犯罪以及引导多人犯罪中，有造意则减二等，是从犯则当减三等，重犯三次时，依法判断。

前述老幼者、重病等之罪已减以后，而需服多少劳役数，能赎则赎，按五日交一斤铁算。若确实不能赎，有担保只关者，则当全减。犯两次、三次依法判断。承全罪时，按边等法应派何处当派。其中得做苦役者，当依法使做苦役。若未得做苦役，则使其住所派遣处。②

① 史金波等译注《天盛改旧新定律令》，法律出版社，2000 年版，第 322 页。
② 史金波等译注《天盛改旧新定律令》，法律出版社，2000 年版，第 150—151 页。

诸父子中老幼人孤寡等不能自养者,自人家中实同亲戚当赡养,当委以杂事。若违律时,有官罚马一,庶人十三杖。

国境中有文武艺能及有妇女养孤不出户,侍奉公公婆母不厌者,军头监勿隐之,应告管事处及执重职以外……①

(三) 明察功过,赏罚必当

"明察功过,赏罚必当",是法律公平的具体体现。能否赏罚得当是关系到人心向逆和社会稳定的大事,以示刑的严肃性和法的公平性。例如,《天盛律令》中对于巡检人的处罚规定:

敌人、盗寇者已出,失于监察,入内地,畜、人、物已入手,住滞出时,当视钱数,依以下所定判断。检人比检头监罪减一等,军溜、盈能减二等,边检校减三等。管事住边副行统减四等,当依次递减。正统者,住附近指挥、检校,追斗等迟缓□□追斗,无论指挥、检校、有住滞时,当比副行统罪状减一等。若住于远处,追斗未至,边地不住滞时法:先前管事处已行,指挥无懈怠住滞,则勿治罪。以被彼敌人、盗贼进入,畜、人、物入手罪,及未入手空归依人数所承之罪比较,按其重者判断。

一缗至五十缗,徒三个月;

五十缗以上至一百五十缗,徒六个月;

一百五十缗以上至五百缗,徒一年;

五百缗以上至一千缗,徒二年;

千缗以上至一千五百缗,徒三年;

一千五百缗以上至二千缗,徒四年;

二千缗以上至二千五百缗,徒五年;

二千五百缗以上至三千缗,徒六年;

三千缗以上至三千五百缗,徒八年;

三千五百缗以上至四千缗,徒十年;

四千缗以上至五千缗,徒十二年;

五千缗以上,一律当绞杀。②

在明确了巡检人的处罚的同时,对于其有功者亦大加奖赏:

大小检人地底未放逸,敌军盗贼入寇者来,监察先知,新接检人以及

---

① 史金波等译注《天盛改旧新定律令》,法律出版社,2000年版,第414页。

② 史金波等译注《天盛改旧新定律令》,法律出版社,2000年版,第200—201页。

局分军溜报告之功：

察觉一人至十人来，巡检主管绢一段，检人二人共绢一段。

查觉十人以上至三十人来，巡检主管绫一块、银一两，巡检人绢一段。

查觉三十人以上至七十人来，巡检主管唐呢一块、银二两、茶绢三，检人银一两、绢一段。

察觉七十人以上至一百人来，主管杂锦一块，银三两、茶绢七，检人银三两，茶绢五。

察觉一百人以上至五百人来，主管升一官，银三两、杂锦一块、茶绢七，检人银三两、茶绢五。

察觉五百人以上至一千人来时，主管升二官，银五两、杂锦一块、茶绢十，检人一块絁、银三两、茶绢五。

察觉一千以上人来，一律检主管升三官，银七两、杂锦一块、茶绢十五，检人银五两、绫一块、茶绢七。[①]

上述例举的“明察功过，赏罚必当”，旨在说明这项司法观念的实际操作，有助于维护西夏司法的尊严。

（四）以法治官，以法断罪

中国古代社会的人治，简言之即是官治。韩非曾说过“明主治吏不治民”。正是由于官僚队伍是统治集团的支柱，而吏治的状态又关系到治乱兴衰。明确官僚的职、权、责，规定官僚的行为与约束，实行考课、监督、惩处等一系列制度，以使之奉公守法、为君尽责。《天盛律令》卷十明确规定了对各级官员的行为准则，占全部律令很大比例，由此可见，西夏对于吏治的重视，与中国传统法律文化的历史不无关系。正是由于各级官吏构成了西夏统治运转的核心构件，所以对官吏管理的规范，就成为关系到国家治乱兴衰的大事。以法治吏，就是通过司法制度来巩固和加强国家的官僚体系。

（1）职官的机构建置法律化。西夏对于官僚机构的设置有明确规定：

上次中下末五等司大小高低，依条下所列实行。

上等司：中书、枢密。

次等司：殿前司、御史、中兴府、三司、僧人功德司、出家功德司、大都督府、皇城司、宣徽、内宿司、道士功德司、阁门司、御庖厨司、匦匣司、西凉府、府夷州、中府州。

中等司：大恒历司、都转运司、陈告司、都磨勘司、审刑司、群牧司、农

---

① 史金波等译注《天盛改旧新定律令》，法律出版社，2000 年版，第 205—206 页。

田司、受纳司、边中监军司、前宫侍司、磨勘军案殿前司上管、鸣沙军、卜算院、养贤务、资善务、回夷务、医人院、华阳县、治源县、五原县、京师工院、虎控军、威地军、大通军、宣威军、圣容提举。

下等司:行宫司、择人司、南院行宫三司、马院司、西院经治司、沙洲经治司、定远县、怀远县、临河县、保静县、灵武郡、甘州城司、永昌城、开边城。

三种工院:北院、南院、肃州。

边中转运司:沙洲、黑水、官黑山、卓啰、南院、西院、肃州、瓜州、大都督府、寺庙山。

地边城司:□□、真武县、西宁、孤山、魅拒、末监、胜全、边净、信同、应建、争止、龙州、远摄、银州、合乐、年晋城、定边城、卫边城、富清县、河西县、安持寨。

末等司:刻字司、作房司、制药司、织绢院、番汉乐人院、作首饰院、铁工院、木工院、纸工院、砖瓦院、出车院、绥远寨、西明寨、常威寨、镇国寨、定国寨、凉州、宣德堡、安远堡、讹泥寨、夏州、绥州。①

西夏的官僚机构与官吏行使权力的合法凭证——印玺制度也详细规范,任官受印,免官收印,成为一项法定制度。

诸司行文书时,司印、官印等纯金、纯银及铜镀银、铜等四种,依司位、官品等,分别明其高下,依以下所定为之。

司印:

皇太子金重一百两。

中书、枢密银重五十两。

经略司银重二十五两。

正统司铜上镀银二十两。

次等司铜上镀银十五两。

中等司铜上镀银十二两。

下等司铜重十一两。

末等司铜重十两。

僧监、副、判、权首领印等铜重九两。

官印:

三公诸王银重二十五两。

① 史金波等译注《天盛改旧新定律令》,法律出版社,2000年版,第363—364页。

有“及授”官中宰相铜上镀银重二十两，其余铜十五两。

有“及御印”官者铜钟十二两。

有“惠臣”“柱趣”官者铜重十两。

有“威臣”“帽主”官者铜重九两。①

（2）官员的配置明确化。西夏是通过法律的形式对职官的员数加以明确的。《天盛律令》规定：

诸司大人、承旨、监军、习判等高低，当依所定派遣。

上等二司：

中书：大人六：智足、业全、义观、习能、副、同，承旨六。

枢密：大人六：南柱、北座、西摄、东拒、副、名人，承旨六。

次等司：……②

（3）职官的选任多元化。西夏职官的选拔与任用，采取品级制的选官与科举取士的选官制度相结合的办法，对于专业性强的官吏，设有特定的选官程序。

西夏的品级制，仿照“九品中正”制。“九品中正”制源于魏晋南北朝时期，士族门阀享有的特权逐渐演变成了选官制度。魏文帝时吏部尚书陈群所立九品官人法，即在州设“贤有识鉴”的大中正，郡设中正，由他们按门第将本地人物评定为上上、上中、上下、中上、中中、中下、下上、下中、下下九品，凡出身上品的，可以任高官，由此出现“上品无寒门，下品无士族”的现象。

西夏对于品级制的规定有：

诸人袭官及降、未及降法依以下所示：未降而违律时，奏者、局分人、寻安乐者等，视有无贪污徇情，行袭官次第所至，前往已任未任等，依前罪情，任司位三年期间曾住滞，不应得官赏而使得官赏，依罪情高低法判断，应降依官法降。应不应降，依以下所定实行：

下十一、十二品及杂官等勿降，当革之。

十品、九品、八品等三品中当降一品。

七品、六品、末品、下品等四品中当降二品。

上次中三等当奏别论。③

① 史金波等译注《天盛改旧新定律令》，法律出版社，2000年版，第358页。

② 史金波等译注《天盛改旧新定律令》，法律出版社，2000年版，第366页。

③ 史金波等译注《天盛改旧新定律令》，法律出版社，2000年版，第362页。

此条可以看出,西夏的品级分上、次、中、下共十二级。依品级升降职官。

隋炀帝时建立进士科,科举取士制度开始确立。唐朝为适应官僚制度的高度发展,改进了科举选官制度。西夏继承了科举选官制度的同时,对于专业性强的官职,还设有特定的选官程序。

(4) 职官的考课奖惩规范化。"有官必有课",是中国古代政治家、思想家的共识,被称之为国家大典。对官吏违法、官吏渎职、官吏犯罪(对监临主守官犯罪从重的原则)都有明确的法律规定。西夏从巩固统治政权出发,强调对官吏的考核与奖惩。唐代考课,每年一小考,四年一大考。宋朝实行每年一小考、三年一大考的考课制度。西夏与宋同,亦是每年小考、三年一大考的考课制度。《天盛律令》规定:

> 诸司大小任职三年完毕,续传与否,依以下所定实行。
>
> 诸司任职位人三年完毕,无住滞,不误入轻杂,则中书、枢密、经略等别计官赏,其余依次赐次中下末四等人得官赏:此等升一级,大锦一疋,银十五两,茶绢十。中等升一级,大锦一疋,银十两,绢三段,茶四坨。下等升一级,杂花锦一疋,银七两,茶三坨,绢二段。末等升一级,紧丝一疋,银五两,茶绢二。中书、枢密都案依下等司正法则得官赏。
>
> 前述任职位人三年期满时,期间住滞词中遭降官、罚马者,依文武次第引送中书、枢密,当入升册。日闭索功时,局分□□□当磨勘。降一官者,官赏皆□□,遭罚马则罚一次者可得官,不得赏,罚二次者得半赏,不得官,罚三次官赏皆不得。若有遭降官、罚马,不引送中书、枢密,或以引送而不入升册,后推寻时未仔细推寻,无受贿徇情,则局分大小有所住滞者有官罚马一,庶人十三杖。若遭降官、罚马后,愿不再为错恶,与局分大小故意而不引送,已引送而不升入册等时,求官赏赐者未告职管处,未索官赏,则徒三个月若典册上有者期满索官赏,局分大小知闻徇情,曰"未曾住滞"以为遮掩时,求官者及使得爱乐者等,一律校中出徒六个月,所奏已成,未奏成,则徒二年,虽断而未到位则徒五年,已任则徒八年。因自得赏已出库中,则请者、使出者等罪□依偷盗法判断。又无受贿徇情,抵校□□而使得官赏者,比前述受贿徇情之各各罪状减二等,无理得官赏数皆当还。其中受贿者与枉法贪赃罪比较,从其重者判断。[1]

在西夏治官之法中,特别值得重视的是惩治职官贪污受贿的法律,不仅严厉,而且规范详密。

西夏不但强调以法治官,而且要求官吏依法断罪。因为司法审判是实现国家

① 史金波等译注《天盛改旧新定律令》,法律出版社,2000年版,第348—350页。

职能的重要活动，与庶民的切身利益和社会的稳定息息相关。为了约束官吏依法断罪，西夏对司法官在适用法律时详加规范，此内容在司法官吏的责任中有详细论述，此处不再赘述。

综上所述，西夏对中国传统思想辗转相承，而又能结合自身实际，形成了特色鲜明的司法观念。这种鲜明的特色来自于文化源头的多样性，儒、法等家学说都影响着西夏司法观念的确立。但在多样性中又有着基本的倾向，那就是儒家思想的主导地位。西夏主要的司法观念从多侧面、多层次概括和反映出了这一思想，西夏所确立的司法观念是值得我们进一步研究的。

第三章 起诉制度

中国的诉讼制度起源较早,距今4500年前的尧舜时期就产生了诉讼。[①] 在其后历代王朝的加强下,中国的诉讼制度也逐步形成了完整的体系。本章将重点放在诉讼制度中的第一个环节即起诉制度,起诉制度是诉讼中的开始阶段,也是诉讼的必经程序。

一、诉讼机关

秦朝统一全国后,设在中央的诉讼机关称廷尉;汉代承秦制,中央主要诉讼机关仍为廷尉;魏晋南北朝时期虽属战乱频仍、政权林立的动荡分裂时期,但各个时期的政权,都作出了加强、健全诉讼机关的努力。如设置在中央的曹魏政权的廷尉,孙吴政权的大理,西晋、东晋政权的廷尉。地方大都实行州、郡、县三级兼管刑狱的制度。

隋唐时期,全国重归大一统,诉讼制度得以高度发展,并且日臻成熟完善。中央司法机关实行三法司分工制,大理寺、刑部、御史台为中央主要诉讼机关。大理寺为中央专门审判机关。唐朝大理寺主掌审判事宜,一是负责审理中央百官犯罪和京师徒刑以上案件;二是负责审理由刑部移交的地方死刑案件。宋朝在吸取唐五代诉讼经验基础上,又结合社会形势发展的需要,诉讼机关设置呈现一种比较复杂的情况,一般都在中央和地方诉讼机关内设立左右两司,把审讯与判决定刑分离。中央诉讼机关在沿用唐代三司制度(大理寺、刑部、御史台)基础上增设审刑院。西夏诉讼机关的设置在借鉴前朝经验的基础上,又结合自身的特点,设立了健全的诉讼机关。

刑事犯罪和民事案件的解决,需要设置诉讼机关。西夏《天盛律令》中对诉讼机关的规定有:

> ……在京师者,在何职管属司,及在边中者,其所属经略使、监军司等,何就近处当速告知,谋逆者行为已得未得,依理使与同谋相等判决。[②]
>
> 在京师各司问习事中,获死、无期□□,审刑已审中,与□□不同时,

① 茅彭年《中国刑事司法制度》,法律出版社,2001年版,第17页。

② 史金波等译注《天盛改旧新定律令》,法律出版社,2000年版,第114页。

当问有何异同曲枉，令明，则人□□□□□枷，问于其处，问其异枉，为之转司□何应，当奏报于中书，枢密所管事处，赐予谕文。边中监军司府、军、郡、县问种种习事中，应获死、无期之人于所属刺史审刑中，□有罪人谓其不服，则当明其枉□□语为何□，本人应枷于刺史处问之，报经略职管司等，当待谕文；

不系属于经略之啰庞岭监军司者。自杖罪至六年劳役于其处判断。获死罪、长期徒刑、黜官、革职、军等行文书，应奏报中书、枢密，回文来时方可判断。官□□者当送京师。①

从以上条文可以看出，京师与地方的诉讼机关为：京师的诉讼机关为各职管属司，中书、枢密为中央最高诉讼机关；地方诉讼机关设置于府、军、郡、县。刺史为地方最高司法官。

二、起诉处理

西夏的诉讼机关对于诉讼案件的处理，主要进行三方面的工作。

(一) 决定是否受理

对于提起诉讼的案件，第一步为决定是否受理。《天盛律令》中的规定为：

国境中诸司判断习事中，有无获死及劳役、革职、军、黜官、罚马等，司体中人当查检，明其有无失误。刺史人当察，有疑误则弃之，无则续一状单，依季节由边境刺史、监军司等报于其处经略。经略人亦再查其有无失误，核校无失误则与报状单接。本处有无判断及尔后不隶属于经略之各边境、京师司等，皆依文武次第分别当报中书、枢密。至来时，所属案中亦再与律令仔细核校，有失误则另行查检，无则增于板薄上，一等等奏闻而告晓之。若诸司人未依季节而报，而中书、枢密局分人未过问等，一律依延误公文判断。②

西夏对于提起诉讼的案件首先是司体中人进行检查，刺史进行审查，对于不予受理的案件，弃之；对于应予受理的案件，进行归类与上报程序。其流程为：

司体中人 → 刺史人 → 边境刺史、监军司 → 经略 → 中书、枢密。

(二) 审查诉讼期限

为了保证诉讼活动的正常进行，及时正确地处理案件，法律上规定了对于一定诉讼行为所应遵守的时间规定。法律规定的期限，即自某一特定时间起至某一特

① 史金波等译注《天盛改旧新定律令》，法律出版社，2000 年版，第 317 页。
② 史金波等译注《天盛改旧新定律令》，法律出版社，2000 年版，第 323 页。

定时间止的时间段。在此期间进行的起诉,司法机关予以接受,超过期限司法机关不予受理,这也是司法机关对于起诉需要审查的一项内容。西夏的诉讼期限为:一个月、一百日、六个月、一年和三年,以下加以举例说明。

一个月期限的如:

前述未识而骑他人畜时,畜未得到以前,追告及他人举报等,依法实行。畜主人畜已失后,属者在一个月中告则当问,超过日期及旁人举报,不允接状审问。若违律时,举报、接状者一律有官罚马一,庶人十三杖。①

从这里可以看出民事纠纷案件为一个月期限,超过一个月无论是谁提起诉讼,皆不审问。

一百日的期限如:

诸人为婚时已予应允,酒食已饮者,嫁资未转传则不算换为婚。嫁资多少已取,则取多少一律算实在为婚。其中为婚非乐意,则不许彼此强令食婚酒食,予大小聘资。若违律时,一百日期间告状当问。不愿为婚语是实,则非法强制者有官罚马一,庶人十三杖,所取嫁资如数归还,婚姻改过。逾期不许取状寻问。②

六个月期限的如:

诸人出妻子法,妇人有七种恶中与人行淫一种,则父母及丈夫等共议不议一律允许出,不许反告。此外:一,不生子女;……六个月期间谁未知者反告诉讼,则不须往乐处。③

西夏对于有关婚姻的案件多以六个月和一年为诉讼期限。再如:

诸人索妻、媳,传媒者不问父母时,父母六个月期间告,则当改过。……不许逾期告状及他人举报。违律告状,接状者,有官罚马一,庶人十三杖。④

---

① 史金波等译注《天盛改旧新定律令》,法律出版社,2000年版,第171页。
② 史金波等译注《天盛改旧新定律令》,法律出版社,2000年版,第309—310页。
③ 史金波等译注《天盛改旧新定律令》,法律出版社,2000年版,第308页。
④ 史金波等译注《天盛改旧新定律令》,法律出版社,2000年版,第309页。

一年期限的如：

诸人为婚迎媳，然后曰“我未得嫁妆”者，一年期间可告。

为婚嫁妆次第：……一年期间予者，告则罪不治，所予超数当退还。倘若违律，追告不还及愈期告状寻问者等，一律有官罚马一，庶人十三杖。①

三年期限的如：

枉法属一种者，及他人等何时告状一样皆当审问以外，不枉法受贿者，三年以内物属者追告，则当依法审问。已还，当给属者。若以审问得知，则当交官。不允属者自己未告而他人举告，以及三年过后物属者重追究。违律时接状、告者等，一律有官罚马一，庶人十三杖。②

(三) 案件分类

西夏对于在起诉期间应予受理的案件，要进行分类。西夏对于案件的分类比较详细，分为了10类案件。③ 以下列表记述：

序号	类别	内　　容
1	密案	地边消息。
2	搜交案	经略等□死　□诸人□。
3	磨勘案	四季判断　官敕……磨勘
4	军案	军马始行，散逃，兵符，将佐大小检人家院牲畜，军争及军马解悟……回鹘□□投奔者……统军、军□、监军、习判遣……人马、甲胄，注册注销，军杂物□□接转，赏罚供给，领旗鼓号，罚马革官，远军未来，大小臣僚遣守护，诸人寻军，营垒……守护者□□堡城，城主、同判、城守遣，地边遣使人小监，西番、回鹘……诸人寻军立功，待命未来催促，军杂物库监、出纳遣转、防守，内外侍、帐门后宿□内宿、神策，帐门后宿……杂物……
5	官案	诸寺庙塔、阁门、臣僚、下臣、僧人、道士、案头、司吏、刻字、待牌、住续、印、大典、僧人坐、祭地神、案头司吏□别、皆子离、□印、遣居京都案、案头。

① 史金波等译注《天盛改旧新定律令》，法律出版社，2000年版，第311页。

② 史金波等译注《天盛改旧新定律令》，法律出版社，2000年版，第149页。

③ 史金波等译注《天盛改旧新定律令》，法律出版社，2000年版，第318—320页。

续表

序号	类别	内　容
6	家案	内宫种种头项职,舟船□□为、神猛军、匠人、金匠、□□□□捕、养羊、诸盐池、边上卖路度、空羊食草、城之所用解悟军坚□、铸铁、皇城、三司、地边散买、铸钱、边境堡城断修造、分赐谷草、城中军杂物军粮供给、检畜者人马谷粮种种诸杂职摊派、牧场施请火印,梧桐池采纳、种麻种波、贺兰山等护林场、京师界七种郡县派水种地纳税利额、养草滩等护院、抽□税。
7	大庐令案	农田司属利额、诸边经略大都督府山内山后□、地界中□地水□地租散等纳额、官谷物中□中军粮以外供应皮□□分用□底地□□捕分用。
8	□案	契丹使承、执飞禽、群牧□、马院、行宫、官畜、内使、帐门□□、□□弃尸养□、设四季宴、官乐人、阴阳分食者、前宫侍、帐下宫侍、执奉桌汉使承处衣紫黑、门楼主。
9	刑案	敌界往来、诸司判断、地人入□□敌界敕禁畜物卖过……地边地中派遣劳役、地人畜……女使、遣监狱小监、溜首领派散饮食食物。
10	谍案	汉、契丹、西番、西州、大食等中使……写转传谍诏……

三、起诉形式

起诉形式指案件是通过何种方式成为司法机关审理的理由和依据,西夏存在的起诉形式有自诉、举告、自首、官纠举四种。

(一) 自诉

所谓"自诉",指告诉人因自己和自己的亲属遭受侵害,由被害方本人或其亲属向司法机关提起的诉讼,这是一种古老的起诉方式。《说文解字》释"诉",告也;"讼",争也,说明诉讼是由原告方告于官府,然后原告、被告(称"两造"),双方进行争诉,由法官最终作出是非曲直、犯罪与否的判决。

从秦至唐代,自诉制度已发展到比较成熟的阶段,最重要的标志是在唐律中设有专篇《斗讼篇》,"次言告争之事"的起诉规定达22项条文之多,并在其他一些条款中还有规定。西夏自诉称为"告"或"告诉",规定遭受侵害的人只有本人可以向司法机关控告,他人不得向司法机关告举。如:

> 除殴打争斗相杀以外,伤时,夫妇自不告,则他人告举,不许取状问之。若违律取状问时,有官罚马一,庶人十三杖。[①]

另一种情况为,本应自诉,不自诉,比照犯罪者给予处罚。如:

---

① 史金波等译注《天盛改旧新定律令》,法律出版社,2000年版,第481页。

僧监、副、判、众主等，知觉本寺所属人为伪僧人、道士，因不告，不禁止，则当比犯罪者判断减二等。[①]

从以上两条我们可以看出，自诉在西夏不仅是一种法律规定的权利，有时也是一种法律规定的义务。也就是由被害人及与其有直接利害关系者向司法机关提起诉讼，追究侵害者的法律责任，自诉始终为诉讼审判的重要依据和理由。

（二）举告

举告是指被害人及其亲属以外的其他人向司法机关告发犯罪事实和犯罪人，这也是诉讼提起的一种重要的方式。举告制度大致在西周以后正式形成。到西夏时期，法律规定了人们举告犯罪，并把人们举告犯罪视为一种法律义务，如不履行控告义务的，还会受到法律制裁。《天盛律令》规定：

盗窃畜、物、肉等未参与分持，已知为盗屠而拿所食残肉时……又知盗未受贿不告举时，犯人应获死罪、长期徒刑者，未告举者十三杖，短期徒刑十杖，因杖罪勿治罪。[②]

又规定：

谋逆语耳已听时，确已发不乐语，说此事不应为也，以劝不助，告举他人未听者已发生，有可信见虽是实，而按告处司与告者之地程近远，依日期时节计量，告举明显未稽缓，其内中他人出举者，罪勿连。告举稽误时，不告举，则谋逆行为已行，判无期徒刑；尚未行，徒十二年。[③]

在西夏，不仅刑事犯罪，民事案件也提倡人们举告。如：

诸人对负债人当催索，不还则告局分处，当已强力搜取问讯。因负债不还给，十缗以下有官罚马一，庶人十三杖，债依法当索还，其中还不准赖债。[④]

西夏举告犯罪包括三种方式：一是他人的“自愿告发”。如：

---

① 史金波等译注《天盛改旧新定律令》，法律出版社，2000年版，第407页。
② 史金波等译注《天盛改旧新定律令》，法律出版社，2000年版，第172页。
③ 史金波等译注《天盛改旧新定律令》，法律出版社，2000年版，第114页。
④ 史金波等译注《天盛改旧新定律令》，法律出版社，2000年版，第188页。

诸人为婚嫁女顺序:亲父母可嫁……若不共议而嫁时,六个月期限可上告,当接状寻问。①

又如:

诸人为婚迎媳,然后曰"我未得嫁妆"者,一年期间可告。②

二是官府给予告发犯罪人以赏奖的"赏告"。西夏为了能够及时打击和处罚犯罪,对于一些犯罪的举告是给予奖赏的。其规定甚详,如果按照案件的类型划分,可以分为五个方面的赏告。

(1) 刑事类案件的赏告

《天盛律令》对刑事案件的赏告规定:

诸人举十恶罪是实,应得何举赏者,视举人如何、言状如何、全知不知情状等,依时节奏量实行。③

(2) 军事类案件的赏告

西夏对军事案件的赏告规定得十分详尽,而且对于举告人不但可以给予金钱的物质奖励,还可以根据举告人的个人情况受以军职。在《天盛律令》中规定:

披、甲、马三种力能补偿而未使补偿时,全部赔偿多少总合,首领之罪法及举发者得功法:

得举告功法:披、甲、马三种及各种杂物等力能补偿而未使补偿,其所属首领应革官、军、职,下属人举报时,其人勇健刚劲,善战有战功,有知识,为诸司载于典籍,则举告人应为首领。若其人不善战斗、体弱、求转院,当在本司院内调转。其他人举发者及不求转院者,所告军首领应获日徒刑,当举告者十缗;应徒一年时,当赏二十缗;应徒二年时,当赏三十缗;应徒三年时,当赏五十缗;应革职、军时,当赏七十缗。其赏金应按高低由获罪行监、大小溜首领、舍监、末驱等出给。④

诸人属使军丁壮隐瞒不注册时,诸人当举发。……举发赏:一至五人五缗,六至十人十缗,十任以上一律十五缗,由头监给予。其新生子男应

---

① 史金波等译注《天盛改旧新定律令》,法律出版社,2000年版,第309页。
② 史金波等译注《天盛改旧新定律令》,法律出版社,2000年版,第311页。
③ 史金波等译注《天盛改旧新定律令》,法律出版社,2000年版,第450页。
④ 史金波等译注《天盛改旧新定律令》,法律出版社,2000年版,第234页。

注册不注册，及丁而诈为幼小者，比使军、壮丁不注册院籍，并赢得和局伤者，是给人如何、严重如何、全各种罪状之告赏当各减一等。①

(3) 经济类案件的赏告

西夏对于经济类案件的赏告，如：

诸人告举，谓官畜、谷、钱物种种中有为虚杂时，三万缗以内举实之举赏依强盗持武器法。三万缗以上举实者，其举人中，人堪遣用，则应得某大小职位。人不堪得职位，则前述举赏上应如何赏等，依时节，视所举情状及人况等，奏量实行。②

再如：

诸人于敌界转卖钱及毁钱等，所得劳役总数□举赏法，依下述实行，犯罪者当出予。若犯者不能出，则当由官方予之。

获三个月徒刑，赏四十缗。六个月徒刑，赏五十缗。徒一年，赏六十缗。徒二年，赏七十缗。徒三年，赏八十缗。徒四年，赏九十缗。徒五年，赏一百缗。徒六年，赏一百十缗。

三种长期中，徒八年，赏一百三十缗。徒十年，赏一百五十缗。徒十二年，赏一百七十缗。获死罪，赏二百缗。③

(4) 杂罪案件的赏告

对于其他类型案件的赏告，西夏的规定有：

诸人举他人，予举赏法一一分明外，犯余种种杂罪时，获死罪赏五十缗，三种长期、无期等赏四十缗，自徒四年至徒六年赏三十缗；自徒一年至徒三年赏二十缗，月劳役十缗，杖罪五缗，当由犯罪者予之举赏。④

(5) 补充规定

西夏对于案件的赏告还有一些补充规定，如：

载持畜物多少，追捕者当取，半路上丢弃及家中藏所遗物中，三分之

---

① 史金波等译注《天盛改旧新定律令》，法律出版社，2000 年版，第 263—264 页。

②④ 史金波等译注《天盛改旧新定律令》，法律出版社，2000 年版，第 450 页。

③ 史金波等译注《天盛改旧新定律令》，法律出版社，2000 年版，第 453 页。

二当交官,一分给告举者。……若屋舍中男人多,畜物较少,举告者所取一分不足,则在其所在处就近当用罚脏之官谷物中,分拨给足。若无告者,以问解明,则当交官。①

诸人议叛逃未行者,……畜、谷、宝物、地、人有多少,三分之一留给属者,一分当送举告者,一分当交官。若以问解明,则告者一分当交官。②

再如:

前述盗、杀牛、骆驼、马、骡、驴,有他人告举时,依诸人因告举杂盗赏法,当由犯罪者出钱给予。其中有盗、杀已有亲节及诸人之牛、骆驼、马、骡、驴者,剥杀罪按第十三卷上告举杂罪应得告赏,及第三卷上得告举盗赏所示,当得其高者。③

三是官府强迫人们对重大犯罪的告发。西夏首先重视的是"三谋"案件的告发,既对谋反、谋大逆、谋叛的告发,如《天盛律令》中规定:

若谋逆语已入耳中时,依告处司地程远近计量,无论日期时节,已阻未至而未能举告,已发生,有可知证信见,举告未稽缓另外报出时,与犯罪者同样入捕□中,则不列入本犯罪肇始,并亦因举告未稽缓,莫连罪。④谋逆语耳已听时,确已发不乐语,说此事不应为也,已劝不助,举告他人未听者已发生,有可信见虽是实,而按告处司与告者之间地程近远,依日期时节计量,告举明显未稽缓,其内中他人出举者,罪勿连。告举稽误时,不告举,则逆行为已行,判无期徒刑;尚未行,徒十二年。⑤

其次强迫告发的是军事类案件,如规定:

诸大小军首领、末驱、舍监等其下□□□出卖自己辅主及官马、披、甲知不告者,若未受贿,庶人卖一至三,应徒一年;四至七,徒二年;八至十,徒三年;十一至十三,徒四年;十四至十五,徒五年;十六至十七,徒六年;十八至二十,徒十二年;二十以上一律当绞杀。受贿则计量,以偷盗律以

① 史金波等译注《天盛改旧新定律令》,法律出版社,2000年版,第115—116页。
② 史金波等译注《天盛改旧新定律令》,法律出版社,2000年版,第116页。
③ 史金波等译注《天盛改旧新定律令》,法律出版社,2000年版,第155页。
④⑤ 史金波等译注《天盛改旧新定律令》,法律出版社,2000年版,第114页。

及前述罪，依其重者判断。[1]

对于一些刑事案件西夏亦强迫告发，如：

相恨放火者，同谋以外之他人知晓而不告举，受贿者与分盗畜物相当，未受贿则死罪、长期徒刑十三杖，短期徒刑十杖，未知，罪勿治。

诸人知实情将举，他人止之，其后又另人举实中，除自叛逃以上三种语分明之外，其余大小罪应举，受贿徇情而塞举口、隐罪者，塞举口者及止之者等，与知盗而分物同样判断，受贿则与枉法贪赃罪比较，从其重者判断。[2]

另外西夏对于亲属间知觉应举报而未举也规定了其法律责任，如：

诸人犯十恶及大小他罪等，不同门，自己媳、使军、奴仆、节亲、他人等闻觉时，未明是虚是实，及是门下人等不应告举者，未告举而他人举为重实时，闻觉者和犯罪者之子或亲父母，或他人有亲戚，彼此有恩者等，未明熟是，除视彼时罪情重虚而奏量实行以外，不论官获死亦是重情，因知觉应举而未告举，比犯罪者之罪状当减三等。其余自杖罪至杂死罪者，一律当减四等。若知觉者与犯罪之人有亲及彼此有恩而欲减其罪，对犯罪者说减罪之谏言，则当比前述径不告举之罪状再减一等。[3]

（三）自首

自首是指犯罪被发觉前，犯罪人主动向司法机关投案，坦白自己犯罪事实和经过，并表示愿接受审判的行为。这也是西夏提起诉讼的一种方式。在《天盛律令》中，对于自首有这样的规定：

盗窃中自共出首以外，盗窃以后一个月之内，各盗人心悔送状，自首求解罪时，其中杀伤人及侵凌物主家中妇人者，致死者，依命断毁家宅而不肯偿修罪分别判断，而后依偷盗、强盗等偿还物，盗人自己所拿多少数减罪。若告诸司，议和若全还给物主，及半送还半未能回送，催促同盗人全还者，罪当全解。半有半无，则依自己未足部分分等减罪，其法按以下所定而行。若超日期，则不须解罪减办，而依法判断。若在日期内将所盗

---

① 史金波等译注《天盛改旧新定律令》，法律出版社，2000 年版，第 249 页。
② 史金波等译注《天盛改旧新定律令》，法律出版社，2000 年版，第 452—453 页。
③ 史金波等译注《天盛改旧新定律令》，法律出版社，2000 年版，第 454 页。

物如数送交物主而议合者,不允诸人举告。[①]

卖出敕禁品时,单独一人犯罪而举告自罪,及多人犯罪皆接状等,不允解罪,当依法判断。其中自相互举告时,告者之罪当全解。举告赏,他人所属已卖,则由他人举告赏应得三分中得一分,二分当交官。[②]

诸人互相检举中,独人举自罪,及多人为罪皆接状,举自罪等不许赦罪,当依法推问判断。若多人为罪中,皆不为接状,允许自相举,一年期间告举,则当赦罪。其中盗者实无力偿盗物,则可入举人偿畜物中。为杂罪有已受贿者,当交官。逾一年告举,则当比前罪减二等。其中盗及转卖敕禁等罪,减罪、偿还依赦罪、减半法,及盗而侵凌妇人、伤人、杀人罪不赦法,依第三卷上罪状实行。[③]

从以上条文可以看出,上述的几种自首情况有一般意义的自首,是犯罪者"心悔送状"的自首行为,但有一个期限,为一个月。另外,还有可以视为自首的情况,如在审问中主动交代未被发觉的犯罪,这种行为可视为自首。对于犯罪人的自首,西夏在刑罚上明确了对其减罪。

(四)官纠举

官纠举是指官吏和官府发现犯罪后主动提起的诉讼,这是西夏很重要的一种起诉方式,包括官吏的举告和官府的纠劾两种。在《天盛律令》中有:

边中监军司五州地诸府、军、郡、县等地方中所派捕盗巡检者,閤门、神策当检时,臣僚、官吏、独诱类种种中,当按职门能任、人勇武强健及地方广狭、盗诈多少计量,管事者当依次转告,应告枢密遣之。

巡检人捕强盗、偷盗时,三日以内管事当派都巡检,令其于十日以内集问之时,当引导于所属司内。若彼逾所示日期,管事处派迟缓及管事人不令而延误等时,罪依以下所定判断。其中有以转捕相盗者,及为巡检、都巡检、勾管之人依次已遣,未往至于局分,半途送者缓慢等,派者勿论以延误日期。[④]

另外还规定:

为巡检勾管者捕何盗诈、遣送何司、是何局分等,一个月一番,属经略当报于经

---

① 史金波等译注《天盛改旧新定律令》,法律出版社,2000年版,第175页。

② 史金波等译注《天盛改旧新定律令》,法律出版社,2000年版,第286页。

③ 史金波等译注《天盛改旧新定律令》,法律出版社,2000年版,第453页。

④ 史金波等译注《天盛改旧新定律令》,法律出版社,2000年版,第456—457页。

略，不属于经略者当分别报中书、枢密。有无释放、推问、判断，其间当磨勘。[①]

从这些条文可以看出，西夏对于案件的纠举是有明确规定的。

四、起诉原则

(一) 奖励告发，赏罚分明

西夏统治者为了巩固专制统治，维护社会秩序，消融、减少社会矛盾，长期以来奉行的一个起诉原则，就是奖励告发犯罪。在上文中已经例举了西夏对于告发犯罪的奖赏规定，这种奖励告发的条文在《天盛律令》中是很多的。

虽然西夏奖励告发，但是对于赏告是有明确规定标准的。

诸人举他人中，或举一人，或举自二人以上等，原罪轻重，和全实，或有虚有实，或虚实相等，其得功承罪法依以下所定实行。

举一人中：全实者依法当得举赏。重罪为实，轻罪为虚者，得前述全实举赏之三分之二。罪虚实相等，告举中功罪相抵。及或一种为实而甚多为虚，或一种为虚而甚多为实者，因所虚实罪相等，功罪相抵，勿得举赏。[②]

有些告举，告举人还要承担刑罚。

重罪为虚，轻罪为实时，举者之罪分别二等中：一种举杖罪实，劳役罪虚，又举劳役为实，长期为虚，举长期为实，死罪为虚时，判断已至，则依此等罪名不同次第，与举虚时重部分相等判断。以下微言为实，亦勿得举赏及功。判断未至，则因举办为实而减一等。

两种杖罪总数已明时，又举而加杖数，又短期劳役中暗自举而加劳役年数，三种长期中依次延长之，同罪名中加之而举虚等者，当以已实杖罪、劳役等及所虚加等校之，虚实数等则功罪当抵，实甚多者依法当得功，虚数多则所加之杖罪或劳役数由举者承之。

举自两人以上数甚多，诉讼次第不同，原罪不共者，其于数人有罪中，或举实，或举虚等时，举实之处依法当得功，举虚之处当令校承同罪。其中说二人、三人共犯原罪，二种、三种不同供词，诉讼推问时，举共犯小罪者为实，比之重者一人二人为实而一人二人为虚时，亦于所举为实人处当得功，所举为虚人处当承同罪，其下因小罪为实，勿得功。[③]

---

① 史金波等译注《天盛改旧新定律令》，法律出版社，2000 年版，第 460 页。
② 史金波等译注《天盛改旧新定律令》，法律出版社，2000 年版，第 450—451 页。
③ 史金波等译注《天盛改旧新定律令》，法律出版社，2000 年版，第 451 页。

诸人有应告举语,他人劝说使告举时,虚则劝说者罪依举之从犯法判断,举语实则劝说者当入分得举赏中。[①]

以上条文反映出西夏法律中对于赏告是非常具体明确的。

(二) 规定必告,惩处不告

在西夏的起诉原则中,重要的一条就是规定必告、惩处不告。西夏有明确的条文规定了必告的范围,对于不告的惩处也是相当明确的,如:

谋逆语本来已发生,虽未入议计中,然□□□已告别人之耳时,说他人以强力逼迫恐吓,因为沙是从而作者,因畏杀顺从而做者,已按语或计议时,在边上人已知觉、乐不乐意未说,后掩遮闻等,在京师者,在何职管属司,及在边中者,其所属经略使、监军司等,何就近处当速告知,谋逆者行为已得未得,依理使与同谋相等判断。[②]

(三) 反对亲属间相告

西夏的统治阶级为了巩固专制统治,一方面鼓励举告犯罪,另一方面又对控告犯罪采取一些限制性措施。其中最重要的就是反对亲属间的犯罪告发,提倡"亲亲相隐"。西夏严格遵守儒家思想和伦理观念提倡的尊卑甚严、上下有别,告发犯罪有着严格的限制。西夏《天盛律令》中明确规定了亲属与尊卑之间允许举告的犯罪,[③]如下表:

举告人	被举告人	举告犯罪
子女	曾祖、祖父、祖母、父、母、庶母	谋逆,失孝德礼,叛逃,亲祖父母、父母、庶母等为子、孙、媳所杀。
妻子、媳	公公、婆母、丈夫等,及自己自九个月至一年丧服节上下	谋逆、失孝德礼,叛逃,内宫淫乱,对帝随意口出恶言,杀及主谋杀亲祖父母、父母、庶母等,诋毁国家,撒放毒药,咒人死,盗中杀人,有意杀人,对亲母、岳母、庶母、姑、姐妹、女、媳等行不轨。
使军、奴仆	头监	十恶中获死、长期徒刑及他罪中获不论官死罪。 杂罪中:亲手盗取官畜谷物、军人匿官马铠甲而卖之、铸钱敛钱等种种中获死罪,盗及变卖敕禁、私制曲等中获长期徒刑及死罪。正军年十五岁已纳册而未注册,十人以上获长期徒刑,匿逃人中十门以上获死罪。

① 史金波等译注《天盛改旧新定律令》,法律出版社,2000 年版,第 454 页。
② 史金波等译注《天盛改旧新定律令》,法律出版社,2000 年版,第 113 页。
③ 史金波等译注《天盛改旧新定律令》,法律出版社,2000 年版,第 444—445 页。

西夏规定对于违律举告的处罚为：

诸人犯罪中，因要言可相告举一类，当一一分明。除此之外，犯其余种种罪时，节上下允许相隐罪，不许告举。违律告举时，罪情依条下所定实行。

一等至九个月以上丧服节上下不许相告举。若节下举节上时，犯罪者应得徒二年以内罪，则不论大小，举者之罪徒二年。如举情重于彼，则当比有罪人减一等。①

使军、奴仆不应举头监而告举者，与前述节下举节上中九个月以上丧服时推问承罪法相同。②

(四) 重罚诬告

西夏禁止诬告，在《天盛律令》中规定：

诸人自叛逃以上三种举言虚者，判断已至，则本人不论主从，不论官，依谋逆法判断，家门当连，节亲亲戚者因与谋逆者不同，故勿连。判断未至，则受未受问杖一样，举虚造意当剑斩之，家门当连，从犯不论官，当绞杀，家门勿连。③

诸人十恶及余种种杂罪等举虚者，被告人已被缚制，则受未受问杖一律与所举罪相当。举人为二三人以上人数众多，当按状者承罪法：已举为虚，本罪无论主从，则各举人亦不论主从，家门勿连。若本罪可论主从，则首举者当为造意，其余以从犯论。若已举之，言告司内，已只关、知证，被告人虽被逼迫然未被缚制，此时举人自改口认虚，则比前述罪依次当减一等。其减法：谋逆罪、不论官获死罪连家门，减为无期徒刑，杂死罪减为徒十二年。若已告未敢只关，则有官罚马一，庶人十三杖。④

从以上条文可以看出，西夏实行典型的诬告反坐原则。另外诬告叛逃以上罪的，对为首诬告的主犯处斩刑，从犯处绞刑。

---

① 史金波等译注《天盛改旧新定律令》，法律出版社，2000 年版，第 446 页。
② 史金波等译注《天盛改旧新定律令》，法律出版社，2000 年版，第 447 页。
③ 史金波等译注《天盛改旧新定律令》，法律出版社，2000 年版，第 449 页。
④ 史金波等译注《天盛改旧新定律令》，法律出版社，2000 年版，第 449—450 页。

五、起诉制度的特点

西夏在起诉制度上,呈现出鲜明的特色。

其一,起诉方式的规范性与灵活性。从总的方面看,西夏的起诉形式大致分为两种:公诉和私诉。公诉主要指官府的刑事、军事、经济等类案件的诉讼;私诉主要指自诉的民事诉讼和部分(轻微的)刑事诉讼。准确地说,私诉是诉讼当事人为了保护自己的合法利益免受他人侵害,或受到侵害后要求得到补偿,或者为求公平而向司法机关提起的诉讼。公诉是国家官吏为了维护皇权、国家、社会和百姓的利益,以及基于自己的职责和法律义务向司法机关提起的诉讼。严格地说,公诉的提起,不仅是一种权力,同时也是一种义务,因为知而不告有罪,这是公诉的主要特征,也是不同于私诉的主要区别。私诉主要是民事诉讼和轻微刑事诉讼,对于此类诉讼,一般采取行告而理、不告国家法律不干涉的原则。对于刑事诉讼与民事诉讼的重视程度,显然重视前者,因这关乎社稷、皇权之大事,而视民事诉讼为小事。但是实际上,西夏这类所谓的"公诉"与"私诉"不是严格的,往往是灵活运作。如有些刑事犯罪以民事诉讼手段解决,又有些民事诉讼则纳入刑事审判的范围。

其二,起诉制度的严密性。《天盛律令》所反映出的自诉、赏告等形式,均可证明起诉制度的严密性特点。对《天盛律令》中的起诉制度稍作分析,就再清楚不过。其规定的自举,包含自诉和自首两种形式。"自首"是犯罪被揭发前主动到司法机关投案,"自诉"是主动提起公诉。共同点都是以自告为开始,都是经过诉讼程序的第一步。同时明确告赏制度和追告制度,在这几类起诉形式中,有的还规定了更具体的内容,更是反映出诉讼制度严密性特点。与之特点相对应的有"义务告举"、"限制告举"、"听任告举"、"告举不实"的责任制度。

义务告举,是按法律规定,对于谋反、谋大逆和谋叛等重大犯罪,任何人都有控告的权利,也是一种义务。如果不告即构成犯罪,而且处刑很重,可至死刑。对强盗、强奸、杀人等大罪,被害方或其亲属和邻居知情者,也必须"告其主司",如果不告将按犯罪予以制裁。

限制告举,有些告举对统治者不利时,往往不被提倡,反而加以限制,主要体现在身份、尊卑关系和案件性质上。在身份、尊卑关系上除"三谋"犯罪和一些军事犯罪外,允许相隐,不准告举,违背者处以刑罚。

听任告举,是指西夏法律采取控告听任的态度。主要表现在对于亲属间的侵夺财物、殴打之类犯罪,受害方可以自己决定是否告举,其原则是告则受理,不告不理。如律令中的丈夫打伤妻妾,须妻妾告举,他人告举无效等。

告举不实,指在告举中对不符合或不太符合犯罪事实的现象(行为)采取一种慎重区分责任的态度。在告举犯罪时,实践中出现"诬告"和"疑心未见"(没有确凿证据)二种告举现象,这又是两种性质完全不同的告举行为,属于"造意"(指故意)

陷人于罪的诬告是严厉禁止的，故诬告的责任是反坐其罪。“疑心未见”的告举属非故意行为，采用宽宥的办法。

由上可见，西夏确实形成了一种体系比较完整、大而举要、小而具体、大小相统互补、浑然一体、首尾相衔、彼此照应的起诉制度。也体现了起诉制度本身较强的逻辑性、严密性特点。

其三，将军事案件列为起诉的重点。在西夏《天盛律令》中，军事法律是其很重要的内容。西夏法律中规定：配备武器、战时出征者有臣僚、下臣、农人、牧人、各种匠、主簿、使人、艺人、刻字、向导、医人、更夫、占算、使军、商人等等。[①] 可以说包括了西夏社会的各个层面，也反映出西夏全民皆兵的特点。西夏军事体系的庞大与复杂，必然要运用详尽的法律制度加以调控，这一点也成为西夏起诉制度的一个特点。对军事案件的起诉主要有两种方式，其一是举告，前文已在军事案件的举告中例举了对军事案件的起诉。另一种对军事案件的起诉方式为官纠举，如《天盛律令》规定：

> 正统人住边境军寨，无指示放弃军寨，并令所率防守军马等擅自解散时，审计有无住滞、语情轻重，依时节等奏计实行。[②]

其四，严格的逐级起诉、特殊的越级起诉相结合的特点。西夏法律规定：

> 诸有公事而未问显明，此后不许越司另告他处而不告于局分。若违律时，告者、取状者等有官罚马一，庶人十三杖。[③]
>
> 前述诸司人已枉，入状于匭匣司中时，匭匣司人亦枉误，则当依文武次第报于中书、枢密。只关取文、司局分大小转承次第等，匭匣司人当依法为之。中书、枢密人亦枉误，则可告御前而转司，另遣细问者奏量实行。其中无故越司而告御前并击鼓等时，徒三个月，情由当问于局分。[④]

从以上条文可以看出，西夏起诉必须逐级进行，一般不准越级起诉，违者处以刑法。但是，法律又规定特殊情形允许越诉，乃至直诉。这都说明越诉、直诉制度的客观存在，它与逐级起诉的结合，也就显现出西夏起诉制度的另一个特色。

---

① 史金波等译注《天盛改旧新定律令》，法律出版社，2000年版，第224页。

② 史金波等译注《天盛改旧新定律令》，法律出版社，2000年版，第196—197页。

③ 史金波等译注《天盛改旧新定律令》，法律出版社，2000年版，第337页。

④ 史金波等译注《天盛改旧新定律令》，法律出版社，2000年版，第339页。

第四章　刑侦制度

在法律意义上，刑侦是为了查清犯罪和执行刑罚而进行的侦查活动。中国传统刑事案件的侦查萌生时期，盛行“神明裁判”的侦查方法。在解决较复杂的案件时，往往就用占卜、诅咒、誓约和神裁等手段，以期弄清事实真相。其后的刑侦活动，逐步重视和积累办案经验，开始摆脱神裁的方式。司法官吏不断总结刑事侦查规律，并将其在一定程度上予以制度化。司法官最初的讯问属于简单、古朴的司法行为，逐渐开始重视人证，负有侦查职能的司吏也相应重视对现场的勘察和记录。正如《中国法律制度史》所言：“中国侦查在崇拜神的同时，较早认识到人的力量，体现了华夏文明中蕴涵着的‘人本主义’。”①

就西夏而言，随着国家对社会秩序调整的加强，犯罪行为被西夏的统治者视为破坏等级特权和国家的安宁之举。“一方面，犯罪行为违反了犯罪人与君主或领主之间的关系，即前者对后者的忠顺义务；与此同时，犯罪行为还破坏了君主或领主对臣民的保护关系。”②西夏动用国家力量主动追究犯罪，对于维护公共利益是必要的，这也是西夏的刑侦制度得以发展的现实基础。

一、强制措施

为查明犯罪事实，司法官吏可以运用强制措施。西夏的强制措施主要有拘传、讯问、搜查、逮捕、拘系五种。

(一) 拘传

拘传在中国古代有其专门术语——执。执，在《说文》解释为“握持也”。对人犯的握持，其本质就是以强制手段，使案件相关人员到案，接受讯问。所以，拘传又称为“追摄”、“征摄”。西夏对于拘传主要规定有三：

其一，拘传必须由明确的官吏来执行，禁止随意派人进行拘传。《天盛律令》规定：

> 诸司遣差人时，小监者注册方可行，与局分司吏引导，经承旨、习判等

---

① 丁凌华主编《中国法律制度史》，法律出版社，1999年版，第17页。

② 汪海燕《刑事诉讼模式的演进》，中国公安大学出版社，2004年版，第62页。

处，依地程远近而量之，给以期限。①

往传唤、催促被告人者，近便边近，则所属军首领、迁留检校、交管、巡检、监军司等当派遣。若军首领、监军司等地边远而不近便，则迁留检校、交管等当派遣。若不令近便迁留检校、交管等派遣，胡乱唤人时，有官罚马一，庶人十三杖。②

诸司有所传唤、催促者，当派差人本人。倘若无本人，则当告于本司大人，置判写，另派实信人。无大人之谕文判写，局分人随意派无职者时，有官罚马一，庶人十三杖。③

从以上规定可知，诸司所派的差人有官职，需注册。

其二，被拘传人到案是其义务，有相应的处罚措施。《天盛律令》有：

差人司内已派，不来而逃匿，寻而获之，稽缓自一日至二十日以内者，差人依往唤被告人稽缓法判断，二十日以上一律徒二年。④

其三，节亲对拘传人犯隐匿，可从轻处罚。

诸人有罪而检举之，诸司有所寻问，前往传唤，本人虽在，然节亲人中有服九个月以上丧服之节上下自相隐匿，谓有罪人或逃往敌界，或逃隐寻而不得，或谓已亡，使出现等证词虚只关时，比他人隐有罪人之罪情减一等。⑤

（二）讯问

讯问是处理案件的一个重要阶段，是西夏断案时必经的程序。讯问是对犯罪嫌疑人进行的初步审查，查清是否犯罪、证据情况等。如不构成犯罪的将释放，构成犯罪的，为下一步的审判做好充分准备。《天盛律令》中有：

盗人承招“所盗畜物中部分已于诸人处寄、卖、典当”时，当传唤其存置处之人审问。⑥

---

①④ 史金波等译《天盛改旧新定律令》，法律出版社，2000 年版，第 464 页。

② 史金波等译《天盛改旧新定律令》，法律出版社，2000 年版，第 465 页。

③ 史金波等译《天盛改旧新定律令》，法律出版社，2000 年版，第 464—465 页。

⑤ 史金波等译《天盛改旧新定律令》，法律出版社，2000 年版，第 329 页。

⑥ 史金波等译《天盛改旧新定律令》，法律出版社，2000 年版，第 168 页。

(三) 搜查

是司法人员对与案件有关的场所、人身、物品进行搜索检查,以发现犯罪证据或犯罪嫌疑人藏匿的赃物等的权力。《天盛律令》中规定:

诸人已行盗诈,畜、物主人已握踪迹,已到他人家处放置,不知路数,强横不让搜时,当使知明踪迹所在,告于局分处使传唤问讯,盗物出则依法判断,盗物仍未出则当使知信三人担保而放之。因先强横不让搜,有官罚马一,庶人十三杖。①

诸人已失畜物,盗人拿持已出,畜物主人告状上有之数中,搜盗人盗物,一种现送实无,亦往令所在去向明,一种说未拿,依律令问,击杖问,完毕后仍无招承语,去向却无者,属者皆丢失是实语,则当寻担保另寻举告,盗人之罪按所搜得数判断。②

诸人对负债人当催索,不还则告局分处,当以强力搜取问讯。③

(四) 逮捕

在刑侦中,逮捕是一种运用最广泛的主要强制手段。逮捕罪犯既是一种最广泛、最重要的强制措施,同时也是一项执行最有难度的任务。西夏的逮捕在捕盗中规定较细,下文将展开分析,此处不作赘述。

(五) 拘系

对疑犯暂时限制其人身自由,等待司法机关的调查或审判。在此期间,如逃避审判,将在原有罪名的基础上加一等。《天盛律令》规定:

诸人有罪,在拘系时不许越出牢狱及已脱罪未判断而逃避于外。倘若违律时,于前有罪上加一等。④

二、捕盗

将犯罪人缉获归案,是对犯罪人实施刑罚的前提,为历代司法所重视。战国时期,李悝的《法经》六篇中就有《捕法》专篇,此后各朝均有"捕亡"、"捕断"方面的法规。其中,《唐律疏议》中的《捕亡》一章,集前代追捕逃亡者经验之大成,包括追捕者的法律责任和对各类逃亡者的刑罚处罚。宋代设立巡检司,专门负责缉捕。巡

① 史金波等译《天盛改旧新定律令》,法律出版社,2000 年版,第 180 页。
② 史金波等译《天盛改旧新定律令》,法律出版社,2000 年版,第 182 页。
③ 史金波等译《天盛改旧新定律令》,法律出版社,2000 年版,第 188 页。
④ 史金波等译《天盛改旧新定律令》,法律出版社,2000 年版,第 332 页。

检一职，源于五代，设置在重要的州郡、京师、留都、边防重镇等地，是由朝廷派往地方的使臣，均以武臣充任，手下统帅有兵士，其任务是捕捉盗贼、弹压动乱。宋代统治者肯定了这种派使臣到地方捕捉贼盗的办法，并且逐步将其普及到全国，最后在全国范围内建立起了一个相当严密的巡检网，巡检逐渐由差遣变成了国家的正式职官，其任务也由最初的捕捉贼盗扩大到监管一系列其他有关社会治安的事物。巡检司的主要任务有四项：第一，巡逻。巡检要按月带领士兵在其管地内巡逻。第二，捕盗。这是巡检最重要的任务，也是对巡检考核的主要依据。第三，缉私。对酒、盐、铁等商品实行禁榷，禁止百姓私自贩卖，违者严处。第四，负有消防的职责。①

西夏的捕盗制度，正是借鉴了唐宋的相关规定而自成体系。

（一）派遣巡检

《天盛律令》中规定：

> 边中监军司五州地诸府、军、郡、县等地方中所派捕盗巡检者，阁门、神策当检时，臣僚、官吏、独秀类种种中，当按职门能任、人勇武强健及地方广狭、盗诈多少计量，管事者当依次转告，应告枢密遣之。②

从此条可以看出：

其一，西夏没有成立如宋朝独立的巡检司。西夏的巡检是由监军司来派遣，从阁门、神策、臣僚、官吏、独秀中抽调的，阁门、神策、臣僚、官吏、独秀属军事部门，都有一定数量的正军与辅军。由正军与辅军任巡检带有军事成分。

其二，选派的巡检人员要具备一定的条件。巡检的基本条件有三：能任，这是对知识的要求，巡检要精明能干，懂得法律规定；勇武，这是对素质的要求，敢于与盗贼搏斗；强健，这是对体格的要求，可承担艰巨的任务。

其三，巡检人数的确定。应派巡检的人数，是根据地域范围和盗诈强度来计算的。宋朝所派巡检人数一般为十至五十人，西夏所派人数无确切记录，估计与宋相差不远。

其四，巡检派出程序。西夏巡检由监军司按要求选出，上报枢密批准才可派出，简言之，选择权在监军司，决定权在枢密。

（二）巡检日限

巡检派出、捕盗时，有严格的时间限制。可分为三方面的时限，以下分别论述：

（1）派出时限

西夏将盗分为强盗与偷盗，此条针对巡检派出官吏的时限，分为三日、十日两

---

① 任慧华《中国侦查史》，中国检察出版社，2004年版，第19页。

② 史金波等译《天盛改旧新定律令》，法律出版社，2000年版，第456—457页。

个阶段。巡检派出部门要在三日内确定都巡检,由都巡检集合其他巡检十日内到达指定局分。因派出延误管事者要受到惩处。相关的规定为:

巡检人捕强盗、偷盗时,三日以内管事当派都巡检,令其于十日以内集问之时,当引导于所属司内。若彼逾所示日期,管事处派迟缓及管事人不令而延误等时,罪依以下所定判断。其中有已转捕相盗者,及为巡检、都巡检、勾管之人依次已遣,未往至于局分,半途送者缓慢等,派者勿论以延误日期。①

(2) 捕盗时限

延误强盗缉捕比延误偷盗的处罚要重,都以五日为分界。所派遣都巡检的官员延误是以十日为界,其惩罚也是徒一至二年。西夏规定:

派巡检人捕强盗,延误一日至五日徒一年,五日以上徒二年。捕偷盗延误者,当比前述延误强盗罪减一等。

派都巡检人捕强盗、偷盗,延误一日至十日及十日以上等罪情,与前述巡检人延误罪相同。②

(3) 属司时限

西夏捕盗的流程为监军司选出巡检后上报枢密,枢密批准后,由监军司派往所需巡检的诸司局分,由诸司指挥捕盗。以下两条,就是针对诸司局分指挥捕盗延误的处罚标准。依据都巡检的处罚,以十日为界,十日以下为徒一年,十日以上徒二年。

所属司人、正副人不令时,延误罪依都巡检处派人延误之罪状判断。

送者延误时,与都巡检人延误罪相同。③

(三) 捕获罪犯的奖惩

西夏对于巡检捕获盗犯有奖有惩,其奖赏十分明确。

捕获死罪一至三人银三两、杂锦一匹、茶绢三中一段锦;四至六人银五两、杂锦一匹、茶绢五中二段绢;七至十人银七两、杂花锦一匹、茶绢七

---

① 史金波等译《天盛改旧新定律令》,法律出版社,2000年版,第456页。

② 史金波等译《天盛改旧新定律令》,法律出版社,2000年版,第456—457页。

③ 史金波等译《天盛改旧新定律令》,法律出版社,2000年版,第457页。

中三段绢；十一人以上一律加一官，银十两、杂花锦一匹、茶绢十中四段绢。

捕获长期徒刑自一至七人银三两、杂锦一匹茶绢三中一段绢；自八至十五人银五两、杂锦一匹、茶绢五中二段绢；十六人以上一律加一官，杂锦一匹、茶绢七中三段绢。

捕获短期劳役自一至七人银一辆、茶绢三中一段绢；自八至十五人银二两、锦一匹、茶绢五中二段绢；自十六至二十人银三两、坨呢一匹、茶绢五中二段绢；二十人以上一律银三两、杂锦一匹、茶绢五中二段绢。①

巡检捕有名恶盗，遣局分人往追捕而得之者，比巡检自捕得心未识盗赏赐次第当减一等予之。②

西夏的奖励按捕获罪犯刑罚轻重分为四个层次，即捕获死刑犯、长期徒刑罪犯、短期劳役刑犯和有名恶盗。在每个层次下再按照所捕人数确定奖赏。其奖赏既有物质奖励亦有级别奖励。物质品有银、锦、茶、绢，级别奖励为加官。

西夏在明确巡检奖赏的同时，亦对其未尽心履行巡检的事项规定了惩处。

(1) 受贿徇情。巡检受贿不捕或释放盗犯时，与盗犯处以相同的惩罚，受贿多以贪赃枉法且从重论处。《天盛律令》规定：

巡检实已捕盗，及或诸人告举曰盗人确在而示之，因受贿徇情而不捕、释放等者，断与盗人同。受贿多则以枉法贪赃论，与前述罪比较，从重者判断。③

(2) 懈怠住滞。西夏规定巡检的懈怠分为不负责任的懈怠与故意懈怠两种情况，对其处罚亦不同。第一种，因不负责任未巡检致使产生了盗诈，懈怠与盗诈有因果关系要处以刑罚。但也规定如巡检能及时补救，抓获盗犯时，可不治罪。第二种，在有人举告、且明知盗犯位置而故意懈怠时，比未巡检懈怠要加一等处罚。

捕盗巡检未巡行于所属地方而懈怠之，致家主中入盗诈、取畜物者，盗人确为他人捕得之，盗应获死时徒二年，获长期时徒一年，获六年至四年时徒六个月，获三年至一年时徒三个月，获月劳役时十三杖，杖罪者勿治罪。若盗人未得手，则当计所失畜物，依前述法判断。若虽巡行而生住滞，则有官罚马一，庶人十三杖。彼盗人为巡检自捕得之，则罪勿治。

捕盗巡检人局分地方内，诸人入为盗诈，畜物主人搜寻盗人，曰在附

① 史金波等译《天盛改旧新定律令》，法律出版社，2000年版，第457—458页。

②③ 史金波等译《天盛改旧新定律令》，法律出版社，2000年版，第459页。

近某处,有告者,敢只关,而不往搜寻,为懈怠时,当比前述未巡行而生住滞之各种罪状加一等。[①]

(3) 侵扰索贿。巡检索贿将按枉法贪赃论处。《天盛律令》规定:

巡检人侵扰本地家主、食贿时,以枉法贪赃论。[②]

(4) 督促不力。对于巡检勾管不尽监管职责,《天盛律令》亦有相关惩处:

为巡检勾管者,无论日夜当于重地方巡行,当督促各小巡检,所属地方不许生盗诈住滞。若违律未巡行于属地而生住滞,及虽巡行而仍出住滞等时,当比小巡检之各种罪状减一等。[③]

(四) 上报考核

巡检勾管要一个月上报一次巡检工作,内容为捕盗和遣送的具体情况。上报经略司或中书、枢密,由上报部门进行考核。《天盛律令》规定:

为巡检勾管者捕何盗诈、遣送何司、是何局分等,一个月一番,属经略当报于经略,不属于经略者当分别报中书、枢密。有无释放、推问、判断,其间当磨勘。[④]

(五) 协助义务

西夏要求对于逃跑的盗贼,无论官员还是庶民都有协助抓获罪犯的义务,知情官吏如不及时行动要受惩处,并规定在抓捕逃跑的盗贼时,将其致伤或死不治罪。

诸人已为盗诈时,畜物主人及喊捕者求别人帮助,于盗人逃后追赶,除先追者外,其他人见其盗追赶者,将盗人射、刺、杖、斫,盗人死伤时,追者不治罪。[⑤]

诸人已为诈盗,载持畜物时,家主人有知握踪迹,则当报告,并协助掌握踪迹。[⑥]

家主中持拿盗窃者时,临近家主当立即协助救护。若协助救护不及,

---

① 史金波等译《天盛改旧新定律令》,法律出版社,2000 年版,第 459—460 页。

②③④ 史金波等译《天盛改旧新定律令》,法律出版社,2000 年版,第 460 页。

⑤ 史金波等译《天盛改旧新定律令》,法律出版社,2000 年版,第 179 页。

⑥ 史金波等译《天盛改旧新定律令》,法律出版社,2000 年版,第 181 页。

不往报告时,城内城外一律所属大人、承旨、行巡、检视等徒一年,迁溜、检校、边管、盈能、溜首领、行监知觉,有位人等徒六个月,此外家主徒三个月。又已与盗相遇,赶及不往报告时,有官罚马一,庶人十三杖。[①]

三、取证

西夏社会中,最为常发的刑事案件是"命案"和"盗案",无论是命案还是盗案,在定罪量刑时都离不开证据的支持,证据是审案断罪的核心,证据的勘验、提取和收集是刑侦的重要任务。

(一) 现场勘验

现场勘验一直是刑侦措施中重要的证据采集手段,也是最为重要的物证收集措施。西夏勘验检查制度相当完备。

《天盛律令》规定:

诸司有罪人已断公事者,由司内大人当面指挥。指挥语未暇予之,不许预先遣人取证据物。违律时,有官罚马一,庶人十三杖。[②]

可见西夏在取证时,采取谨慎认真的态度,并非随意之举。同时取证是在统一指挥下进行的,预先取证和随意取证将受处罚。

(二) 审查书证

书证是证据种类中的一种,具有较强的证明力。如果书证是伪造的或偷盗而来的,一旦作为定案的根据,往往将会错判。对于书证,首要的就是辨其真伪和所获取的正当性,假造文书和违法使用文书的行为在西夏被处以重罚。如《天盛律令》规定:

自造诸王、中书、枢密大人等之矫手记,刻行伪印等徒十二年,使用真手记则徒五年。[③]

有前述种种作伪者时,若取畜、谷、物,则以盗法及作伪中算贪赃枉法,从其重者判断。[④]

西夏刑侦中所涉及的书证包括凭据、诏书敕券、文据、借债文书等。

---

① 史金波等译《天盛改旧新定律令》,法律出版社,2000 年版,第 179—180 页。

② 史金波等译《天盛改旧新定律令》,法律出版社,2000 年版,第 341 页。

③ 史金波等译《天盛改旧新定律令》,法律出版社,2000 年版,第 383 页。

④ 史金波等译《天盛改旧新定律令》,法律出版社,2000 年版,第 385 页。

(1) 凭据。作为证据的凭据,在西夏有地契、房契等。如《天盛律令》规定:

诸人告状,索私人田地、房舍凭据者,当问其本人及田地、房舍接边者。当遣人视之,明其界限,置土堆,无参差,非军典争逃人,则当予之凭据。若有官方所予谕文,旧有凭据而失之等,亦依边等法,官家当在予凭据、谕文。①

此条律文,是索要田地、房舍时要出具凭据,即是书证。同时,书证结合现场勘验与走访调查才能形成合理的证据。

(2) 诏书敕券。诏书敕券是官方发放给大臣官僚的具有证明力的文书。《天盛律令》规定:

大小臣僚由官家予之诏书敕券者,若有他人持取亡失时,须推寻检视。此后予之诏书敕券时,中书内人当于板薄而置言状,当注册,有已亡失,亦当对其察奏,依所出谕文实行。②

可见丢失诏书敕券,须上报、注册及核查。

(3) 文据。西夏文据似现代之合同。

诸人买卖及接待,以及其他类似与别人有各种事牵连时,各自自愿,可立文据,上有相关语,于买价、钱量及语情等当计量,自相等数至全部所定为多少,官私交取者当令明白,记于文书上。以后有悔语者时,罚交于官有名则当交官,交私人有名则当交私人取。③

此条可看出,文据多用于商事活动。文据首先是在自愿的前提下订立,内容有价格、条件、相关事项等。如日后发生纠纷,此类文据是重要的证据。

(3) 借债文书。西夏官私皆放贷,所立借债文书是日后索债重要依据。《天盛律令》规定:

诸人于官私处借债,本人不在,文书中未有,不允有名为于其处索债。若违律时,有名为者索债等,有官罚马一,庶人十三杖,债勿舍弃。④

---

①② 史金波等译《天盛改旧新定律令》,法律出版社,2000年版,第603页。

③ 史金波等译《天盛改旧新定律令》,法律出版社,2000年版,第189—190页。

④ 史金波等译《天盛改旧新定律令》,法律出版社,2000年版,第190页。

可见借债文书中未写明的事项，不得向其家属索债。

（三）推问言词

言词证据是侦查案件不可或缺的证据，包括嫌疑人的口供、举报人的陈述和知情者的证言。西夏对于言辞证据的规定较细，嫌疑人的口供大都在拘传、讯问中获得，而对于举报人的陈述和知情者的证言则需推问。

首先，除特殊案件外，一般要求举报人、知情人的证言须亲身经历，不得以传闻作证言。

> 国境内种种公事推问应区别时，谋逆、失孝德礼、叛逃、故意杀伤人、种种盗及盗而杀人、杀亲高祖、祖父母、父母、庶母等，媳杀公公婆母、妻子杀丈夫、使军奴仆杀头监等，此数种，谓我疑心而未见，因诉讼告举，有只关者，则虽无知见亦当依法推问。实则当得功，虚时举人之承罪次第依另所定实行。其下又告举种种诸事者，有相互诉讼者时，知证显明则当依法推问，无知证，仅谓我疑心未见者，虽举亦不许取状审问。[①]

其次，对于证人身份有严格限制。《天盛律令》规定：

> 前述因有疑心而未见语，应推问传至时，倘若节亲及使军、奴仆等中有能为知证者时，其使军、奴仆、节亲等为自己应告举犯人中，则允许相为知证，以知者论。其中不应举告及因其余种种情状等，同居中节亲亲戚至丧服及未至丧服、仆、奴婢及不同门节亲亲戚中自九个月以上丧服内等，不许为知证。
>
> 前述种种公事应不应问，允许不允许为知证等之分别当明中，因疑心未见不应推问而推问之，及节亲门下人等不应为知证而为知证等，局分大小不应违律推问者，判断已至则与承罪者相当，判断未至则当减一等。局分大小中谓应问，有先前语者当为造意，其余以从犯论。当事人以承罪，亦因难定虚实，当赦之。举者因无知证而不应告，有官罚马一，庶人十三杖。若局分大小不置恶意，无受贿殉情，仅仅思见失误，则比前述判断已至未至之罪情当减三等。
>
> 门下人、节亲等不应为知证，为知证不真而应另行为知证时，与为知证一齐传讯者，因不应推问门下人，节亲等为知证，比所诉讼之罪情当减三等。情状他人有知之，应推问则当依法推问。[②]

---

① 史金波等译《天盛改旧新定律令》，法律出版社，2000年版，第447—448页。

② 史金波等译《天盛改旧新定律令》，法律出版社，2000年版，第448页。

再次,可对证人用刑。

前述因疑心未见而有举告者,推问时,谓所诉讼人腹心清净,未曾犯罪,不肯招承者,当三番拷问。受杖毕,无所说词,则举者当受拷杖。彼亦不伏其虚时,应何为,当奏报寻谕文。其中所诉讼人不似他人,文武业显,有大人言义,上下共堪信用,不须妄加苦楚。举者亦人况微,无惭愧,不嫌病丑,不逮所见信,如此则应如何推问,当视人况语情如何等,报察斟酌实行。[1]

四、刑侦的特点

(一) 未形成独立的侦查程序,采取侦审合一的办案方式

西夏与中国封建社会长期实行的各级行政长官审案决狱的行政体制相吻合,刑侦职能基本上归属于行政官吏行使,由于这种司法体制的限制,刑侦案件的调查、勘验等职能都由其统揽,这在一定程度上削弱了刑侦职能的发挥。在司法审判中,除了对于少数案件作必要的侦查和勘验外,一般案件的审理中多以被告的口供为定案依据。未明确刑侦的独立性程序,采取的是侦审合一的办案方式。

加之,西夏对外战火不断,历代君王主要依靠军队来维持社会秩序,所以查奸缉盗等刑侦活动所派巡检,由军队选定,多带有军事色彩。

(二) 强调证据在审断中的作用

西夏法律规定的多种证据的勘验、审查、核实,其核心就是能够公正断案。为达到这一目的,要求每一个案件的证据在调查完毕后,要把参加人员、检查经过及审核具体情况,向上级写正式报告,包括犯罪现场以及周边的环境、痕迹和有关的实物,且要求认真仔细进行勘验。

(三) 缉捕的奖惩制度规范化

西夏实行"捕盗有赏、失盗有罚"之政策,缉捕程序要求严密化、细致化,责任明确化,并逐步趋于奖惩有度。司法巡检具有的职能专业化、根据特殊需要在特定地区设置等特点,以及其所具备的突出打击与镇压的能力,使其在查捕盗贼、维护社会治安的过程中发挥了十分重要的作用。

(四)运用医学知识侦破刑案

医学知识反映人的生理和药用等规律。西夏的许多刑案,特别是杀人、伤人案,都与涉案人的生理等有密切关系。因此,运用医学知识,从被害人身上发现问题,是西夏司法官侦破刑案的一种有效手段。有关西夏法医学在侦审中发挥的作用,其后有专章论述。

---

① 史金波等译《天盛改旧新定律令》,法律出版社,2000 年版,第 448—449 页。

第五章　审判制度

审判制度是西夏司法制度中重要的一环，它是在公堂上由诉讼当事人双方，以及证人、司吏、法医等参加，求得被告人口供核实证据，用以查明案件事实，依据法律规定做出有罪或无罪判定，处以何种刑罚的过程。以往对于西夏审判制度的研究，杜建录主要集中在审判管辖与审判期限、证据、刑讯、申诉与终审四点上。[①] 邵芳在杜建录研究的基础之上增加了两点，即司法监察与复审复奏。[②] 本章采取将西夏的审判制度中审讯与判决先分开后统合进行研究的方法，从中分析出西夏审判制度所遵循的原则、规律及特点。

一、审讯制度

审讯制度，是西夏审讯案件所遵守的制度与步骤。其目的在于有条不紊、及时清楚地查明是否犯罪。西夏关于审讯方面的制度主要体现在三个方面。

(一) 审讯期限

西夏对于案件的审理于各司有严格期限规定：死刑、长期徒刑等四十日，劳役者二十日，其余大小公事十日期间问毕判断。若在此期间审问不毕，都案、案头、司吏，庶人十三杖，有官罚马一。但是在当事人不全备的情况下，不计入前述日期中。[③] 如遇特殊情况，在规定的期限内不能审结的，要以文书的形式将不能审结的缘由写清楚，予以上报。

因懈怠造成延误期限，比较严重的依延误罪判断：

> 延误一个月，司吏徒二年，案头徒一年，都案徒六个月，承旨、习判徒三个月，大人罚马一；
>
> 延误二个月，司吏徒三年、案头徒二年，都案徒一年，承旨、习判等徒六个月，大人罚马二；
>
> 延误三个月以上一律司吏徒四年，案头徒三年，都案徒二年，承旨、习

---

① 杜建录《〈天盛律令〉与西夏法制研究》，宁夏人民出版社，2005 年版，第 235—242 页。

② 邵芳《西夏法制研究》，人民出版社，2009 年版，第 196—202 页。

③ 史金波等译《天盛改旧新定律令》，法律出版社，2000 年版，第 324 页。

判等徒一年,大人罚马三。[①]

期限的规定,旨在防止司法官吏延误案件的审理。

(二) 传唤制度

传唤制度首先规定的是司法官吏要规范传唤,其次是对传唤人抗拒传唤的处罚。西夏在传唤上突出了以下几点:

差人的选派 差人的派遣在西夏规定为就近的原则。传唤被告人时,则所属军首领、迁溜检校、交管、巡检、监军司等当派遣有职人,被派遣的人要持大人的谕文,随意派人和胡乱传唤人时,有官罚马一,庶人十三杖。[②]

传唤延误 行使传唤权的人员延误传唤,一日至五日七杖;六日至十日十三杖;自十一日至二十日十五杖;二十日以上一律十七杖。倘若小监、司吏等逾期延误不告时,罪当由司内量断。差人往唤有罪人时,对有罪人及其知情人索贿的按枉法贪赃罪判断,传唤人主动贿赂的不以枉法贪赃罪判断。[③]

违法传唤 差人将被告人传唤来,不许对其拷打逼凌,无理拷打的徒三个月。在饮食等方面不得违律虐待被告人,如若受贿违律,视受贿多少减刑处罚,受贿少者徒六个月,受贿多则与枉法贪赃罪比较,从重者判断。[④]

传唤不来 西夏规定被传唤的被告人逃匿的,一日至二十日内被抓获的,按稽缓法判断,二十日以上被抓获一律徒二年。如所唤人已染疾病、醉酒等,未能前来的,情况属实则当分析,勿治罪。[⑤]

抗拒传唤 西夏对于抗拒传唤分不同的情况予以不同的处罚。如持上谕、御前传唤不来又殴打差人的处无期徒刑,欧打差人后来唤处的处五年徒刑,未打差人亦不来唤处的处三年徒刑;对于诸司一般的传唤,不来唤处并殴打差人的徒二年,殴打差人后来唤处的徒一年,未打差人亦不来唤处的徒六个月。[⑥]

(三) 违法审讯

西夏在案件审讯中的违法情况主要分两种,一是审讯方式违法,二是审讯程序违法。审讯方式违法有以下情况,如对于当事人应不应该置枷审讯,是由大人与承旨共议来决定,若对不应枷系的当事人用枷,审讯人员要受到处罚;再如因当事人不讲实话可以用刑,但拷掠的次数与杖数是有明确规定的,违反此规定就构成违法。[⑦] 在审讯程序上,未传唤而称已传唤,将其他证人证言告知有罪人,或因恐吓

---

① 史金波等译《天盛改旧新定律令》,法律出版社,2000 年版,第 320 页。
②⑥ 史金波等译《天盛改旧新定律令》,法律出版社,2000 年版,第 465 页。
③ 史金波等译《天盛改旧新定律令》,法律出版社,2000 年版,第 464 页。
④ 史金波等译《天盛改旧新定律令》,法律出版社,2000 年版,第 466 页。
⑤ 史金波等译《天盛改旧新定律令》,法律出版社,2000 年版,第 464、466 页。
⑦ 史金波等译《天盛改旧新定律令》,法律出版社,2000 年版,第 325、327 页。

而使当事人上吊、自刎等皆属违法，对于程序上的违法主要以其产生的后果来处罚，如造成当事人死亡的比照殴打争斗相杀罪减一等，未造成当事人死亡的徒三年。[①] 对司法官吏程序违法的处罚主要有：

1. 违法取证。诸司在审讯过程中，司内大人未命令取证时，不许预先遣人取证据物。违律时，有官罚马一，庶人十三杖。

2. 泄露案情。诸局在审讯的过程中，所定未明，此时不许预先于他处宣说。违律于他处谈论时，预先谈论所告语者徒二年，说诸司判断语者徒六个月，所泄漏的案情不严重的处以七杖。

3. 违法担保。西夏对于可能被判处死罪的不许担保。自无期徒刑以下者，允许担保。若局分大小使有死罪人无理担保时，有罪人未逃走则徒三年。若潜逃则对担保者限期三个月找回有罪人，限期内找回则徒四年，逾期已判决后找回则徒六年，无法找到犯罪人的，担保者比有罪人减一等处罚。对于可能处无期徒刑以下的犯罪人，担保者受贿逸放有罪人，担保者徒三个月，限期内抓获则比从犯减一等，未抓获，当依从犯法判断放者之罪。

4. 看管失误。司法官吏已受贿然未放逸犯罪人，因疏忽失误而使犯罪人脱逃的，限期内抓获犯罪人则徒六个月，未抓获则徒五年。如属未受贿、徇情，无心失误，限期内抓获犯罪人则徒三个月，未抓获徒二年。[②]

另外，西夏在审讯官员案件时，采用追责制。《天盛律令》中规定：

> 诸人任职时犯罪，已迁转后，前罪出，或罪已出后迁其任上，非属故意，是无心失误，则自长期徒刑以下应获罪者勿推问。有属故意，则依法当推问施行。其中有遣行为正职者，当经局分处过问，乃可实行。[③]

二、证据运用

西夏在审理案件中是不以口供为唯一定罪标准的。其口供要与各种证据相印证才可定罪，这就使得证据在案件审讯中显得很重要。西夏审讯中运用的证据主要有三种。

（一）证人证言

对于是否能够成为证人，西夏是有规定的，即对于证人身份的确认。首先，证人应具备作证能力，在年龄、智力有无缺障、与当事人的关系上是有要求的。如节亲及使军、奴仆等中有能力为知证时，允许相互作证，其中对于不应举告的情状，同

---

① 史金波等译《天盛改旧新定律令》，法律出版社，2000 年版，第 325 页。
② 史金波等译《天盛改旧新定律令》，法律出版社，2000 年版，第 341 页。
③ 史金波等译《天盛改旧新定律令》，法律出版社，2000 年版，第 609 页。

居中节亲亲戚至丧服及未至丧服、仆、奴婢及不同门节亲亲戚中有自九个月以上丧服内等,不许为知证。[1] 其次,证人要对自己的证言负责,西夏规定证人有意作伪证时,判断已至则与承罪者相当,判断未至则当减一等。[2] 再次,西夏对于证人是可以用刑的。《天盛律令》规定:

> 因疑心未见而有告举者,推问时,谓所诉讼人腹心清净,未曾犯罪,不肯招承者,当三番拷问。受杖毕,无所说词,则举者当受拷杖。[3]

(二)法律凭证

法律凭证多用于民事案件的审理中,有谕文、敕卷、医人检验单、注册证明等。如西夏规定:诸人诉讼,索要田地、屋舍当有凭据,当派人查询问其本人及田地、房舍接边者,明其界限。若官方谕文凭据丢失,要再次申请给予凭证、谕文。[4] 再如《天盛律令》中有:

> 大小臣僚由官家予之诏书敕卷者,若有他人持取亡失时,须推寻检视。此后予之诏书敕卷时,中书内人当与板薄而置言状,当注册,有已亡失,亦当对其察奏,依所出谕文实行。[5]

(三)书据

书据是审讯中应用广泛而重要的证据之一。西夏的书据有书信、契约、当票等。如在武威出土的一些西夏契约,这些契约均注明了买卖双方的标的、数量、价格等,同时有见证人、保人等。这些契约在诉讼中均可作为法官断案的证据。

三、判决制度

判决是西夏审理案件中的重要程序,是在审讯进行后,案件的实施经过、被告人的情况、证据链条的确认等都已查清的情况下,对于案件性质、被告人是否犯罪、处以何种刑罚等做出裁决的制度规定。

西夏的判决制度主要在于要求司法官吏能够按照法律规定,对于被告人予以公平的处理。所以司法官吏的秉公判断就成为了审判制度的核心。

(一)对司法官吏枉法判断的处罚

西夏对于司法官吏枉法判断的认定,主要看主观意识,以受贿为区别。首先,

---

①② 史金波等译《天盛改旧新定律令》,法律出版社,2000年版,第448页。

③ 史金波等译《天盛改旧新定律令》,法律出版社,2000年版,第449页。

④ 史金波等译《天盛改旧新定律令》,法律出版社,2000年版,第602页。

⑤ 史金波等译《天盛改旧新定律令》,法律出版社,2000年版,第603页。

主持判决者如受贿未枉法判决，依判决所至罪状减一等，若受贿多则与枉法贪赃罪比较，从其重者处罚。另一种情况是，虽未受贿，但徇情枉法判断，视为与受贿枉法判断相同。其次，因受贿本无罪而治罪，是杖罪而判劳役，有劳役者为长期徒刑，获长期徒刑而令承死罪等，枉法判决者当承全罪。有杖罪而加杖数，应获劳役而加年数，是三种长期、无期徒刑而依次加重等，枉法判决者当自承所加之罪。若不应革职而革职，不应黥刑而黥刑等，在枉法罪状再各加一等判断。再次，受贿后对于被告有重罪者减半处罚，亦所减半多少，由枉法判决者承担。[①]

(二) 对司法官吏判断有误的处罚

司法官吏在审判过程中，未收取贿赂，未徇情，审问诉讼人情节充足，然未得实情而无理判断也要承担处罚。这里强调的是不存在主观过错，而客观上确有判断不公。

1. 在审理案件中，知情人的问讯合法而充足，被告人也已明确表示“服罪”，但是审判人员未进行认真核实而判断误者，有官罚马一，庶人十三杖。

2. 问讯充足，实话已准，律令上对此也规定十分明确时，运用法律有误而增减罪情、犯十恶中重者轻判、局分大小致误者与枉法罪相同。除此以外，获死罪、长期徒刑、短期劳役而加重刑罚的，则比枉法罪减二等，减轻刑法的则减三等，判决尚未执行的则依次再减一等。

3. 问讯充足，所述情况经过核实已明确，然而对于犯罪事实，在律令上没有明确的规定，轻重判罚难以作出时，应奏报。如若判案人员擅自判断，未受贿徇情而对于犯罪人加重处罚的，比照枉法罪减三等，减轻犯罪人处罚的则减五等。[②]

(三) 判决中对于犯罪人的减免情节

减免处罚是对犯罪人犯罪后能够主动弥补犯罪后果或在其它方面有立功表现进行肯定，从而改变原有刑罚的制度。对于判决的减免有时也是犯罪人因身份而享有的一种特权。西夏判决中的减免情节主要有以功抵罪和法律规定的减免法。

1. 以功抵罪的情节。在西夏《天盛律令》中有明确的抵罪规定，如：

> 诸人有捕逃人功抵罪者中，自十五人以上逃走已行，引导列队，同时捕得之，及其数以上有各迁部，诸人告举是重情，可与有大小杂逆罪相抵。其余门数非多，拘捕十五人以内时，功罪抵法：犯十恶及犯战场逃叛军旅罪，于敌界卖敕禁时，不论有官庶人，造意获死，又杂罪中造意获死等，不许抵。犯以下其余种种罪，当允许功抵罪。则彼亦捕自一人至五人，庶人获死者为长期，长期者承徒六年，至六年当减二等，自二年以内当全抵。捕五人以上至十人时，死罪，长期徒刑减二等，短期至六年者当减三等。

---

① 史金波等译《天盛改旧新定律令》，法律出版社，2000 年版，第 340 页。

② 史金波等译《天盛改旧新定律令》，法律出版社，2000 年版，第 341 页。

捕十人以上至十四人时,死罪,长期徒刑二种当减三等,至六年以下当减四等,所剩劳役当依法承之。其中人数非多,虽是一二,然是朝廷之须用得力之人,此得如何量之,又是有位臣僚,则量其现时等级如何,执何职位,捕返者之罪应全抵,应减半,依时节奏量实行。①

2. 减免法。减免之法是西夏强调阶级等级,基于犯罪人身份地位的一种特权。如在《天盛律令》中有:

节亲主犯罪时,减免之法当明之。其中应受大杖者当转受细杖,因受七杖者笞三十,八杖笞四十,十杖笞五十,十三杖笞六十,应受十五杖者笞七十,十七杖者笞八十,二十一杖笞一百。劳役者,属能赎应赎类,则可依边等法赎之。若属不应赎及无力赎等,则节亲主提点局分当于房舍周围设一周而拘管之。应派监者时当派,当阻其门口,□□□当开其门,监时当允其行百步以内,劳役日毕时当放之,不许比之超过。违律时节亲主笞四十,监者有官罚马一,庶人十三杖。②

3. 对于投归人员的减免。对于主动投归西夏的人员,在施以刑罚上给予适当的减轻。这主要是考虑到投归行为本身是一种有功的行为,是值得肯定的。另外,这种减免是要符合一定条件的。西夏法律规定:

诸方不同族之投归者中有犯罪时,十恶、犯军令罪、杀人等死罪,罪无减免,除此外自来日起五年内者,初犯一次一律减二等,重犯二次减一等,杖罪一种当全免,勿入抵校论减之中。超过五年及犯三次以上等不须免,当依法判断。③

西夏的减刑方法是,判决犯罪人斩、绞二种死刑,及三种长期徒刑、无期徒刑等,死刑减为十二年长期徒刑;减无期及三种长期徒刑时一律获六年劳役;六年劳役以下者,一年当以一等计,获一年者当为六个月劳役,六个月者当获三个月。减刑罚中有主从之分,则依次而减。④

(四)影响判决的其他因素

在施用刑罚上,法律赋予司法官吏在适用刑罚上要从多方面予以考虑。

1. 区分故意与过失犯罪。故意与过失是犯罪人在实施犯罪行为时对犯罪后果

① 史金波等译《天盛改旧新定律令》,法律出版社,2000年版,第456页。

② 史金波等译《天盛改旧新定律令》,法律出版社,2000年版,第602页。

③④ 史金波等译《天盛改旧新定律令》,法律出版社,2000年版,第603页。

所持的主观意识。故意是追求犯罪后果的发生，而过失是犯罪人并无这种主观意识。故意和过失的认定，直接影响到刑罚的轻重。西夏规定，过失主要是“未受贿，非懈怠”。如《天盛律令》中有：

因贮藏失误而损毁散落之官畜谷物中已超，入于官库，其余与此相同，因无贪意而治罪之谓。当依罪情语义次第，虽自己身上已示，然其中当曰与作错同。一种罪情未列数，以物□□，承罪次第依以下所定实行。自一缗至五缗，七杖；五缗以上至七缗，八杖；……四十缗以上一律徒三年。[①]

再如：

诸人被遮障及随手无心失误，投掷，□射飞禽野兽等时，回手失箭，弦绝箭落著人，于险峻高坡上执重物而失落，投掷铁棍、兵器等著人而致人死时，因义而有官罚马一，庶人十三杖。若被遮障于道中及有人多处如前所示投掷而致人死，则徒一年。

前述无心失误而致人伤死时，予命价法当与殴打争斗中相杀之予命价法相同。[②]

这是按过失犯罪给予的刑罚，比故意犯此类案件的刑罚要轻的多。

2. 官当与八议。官当与八议是法律明确的一种刑罚标准，它有别与减免情节的刑罚，司法官可以考虑减免情节是否施用或如何施用，而官当和八议是法律明文规定，它并不赋予司法官自由裁量的权利。《天盛律令》规定的官当为：

诸有官人及其人之子、兄弟，另僧人、道士中赐穿黄、绯、紫等人犯罪时，除十恶及杂罪中不论官者以外，犯各种杂罪时与官品当，并按应减数减罪，其法按以下所定实行，勿施一种黥刑。

有官人犯杂罪时，在庶人获杖罪、劳役、死罪上衡量，以官品当。

官当不但给予犯罪人本人，同时给予其近亲属。西夏规定：

有官人自“十乘”官至“柱趣”官之子、兄弟犯罪时，依庶人法判断以外，有“语抵”官以上官之祖父母、父母、伯、叔、姨、子、兄弟、侄、孙、重孙、

① 史金波等译《天盛改旧新定律令》，法律出版社，2000年版，第606页。
② 史金波等译《天盛改旧新定律令》，法律出版社，2000年版，第484页。

姑、姊妹、女、妻子、媳、亲侄母等犯杂罪时,比庶人罪,“及授”官当减二等,自“及御印”官以上当减一等。所剩劳役,子、兄弟等本人有待命官则与待命官品相当而减,此后获何罪,当依法承受。其中妇人与他人行淫一种,不允依丈夫、公公、侄父官减除。[①]

八议者为议亲、故人、智人、善能、有功、尊上、勇勤、宾客这八种人。对于八议的刑罚判决,西夏规定为:

帝之族、姻亲及内外臣民中待命人有大功□□□是宾客等……此外犯诸种种罪时,对与帝同族节亲减法以下另示以外,自帝之姻亲至八等宾客一样,犯死罪时,奏议实行。自长期徒刑以下依次当减一等。[②]

四、审判文书的核查

审判文书的上报核查,是西夏审判制度必经的一个程序,旨在减少冤假错案的发生和及时查处未秉公审案的司法官吏。西夏的判决审核制度主要包含了八个方面的规定,是比较细密和全面的。

(一) 审案文书当齐备

西夏法律规定诸司在案件审核完毕一个月期间,要将分散的案件材料整理出来进行核查。一个月期间未能整理好案件审理材料,一律局分司吏徒一年,相关责任人员徒三个月。因迟缓住滞寄名文书,二三种以上罪集于一人者,诸司当结合各案整理出一个完整的记录。[③]

(二) 法律文书的校核

案头、司吏等校核文书人员要在所校核的文书上签名。文书校核人员所校文书格式不符或延误,则校文书者当承担法律责任。所校文书上有疑点要及时过问,未过问者比校者减一等处罚。有疑点而未核查出来的,则因未仔细搜寻而再减一等处罚。[④]

(三) 对于判决书的要求

诸司所作出的判决书,承旨、习判、都案等当认真判写,要注明日期。若违律,一律徒六个月,受贿则与枉法贪赃罪从重判断。[⑤]

(四) 文书审核人员职责

对于文书的审核,西夏法律规定十分明确,《天盛律令》中有:

---

① 史金波等译《天盛改旧新定律令》,法律出版社,2000 年版,第 145 页。

② 史金波等译《天盛改旧新定律令》,法律出版社,2000 年版,第 132 页。

③④ 史金波等译《天盛改旧新定律令》,法律出版社,2000 年版,第 321 页。

⑤ 史金波等译《天盛改旧新定律令》,法律出版社,2000 年版,第 322 页。

诸司查律令者，二案头、五司吏等一共设七人，另当设一律案检。所有判断公事时，问处案人当告案，应有罪情，罪纸其后留白纸空头，经大人处判断□，当载律案检中，当查律令、罪法，以红字写于空头白纸上，律案检、案头、司吏当为实状，相接继，当予局分处，经判断实行。倘若问公事处局分人核罪情及查律令有误时，受贿、相恶而增减者，当令与所增减比较，贿多则与枉法贪赃罪比较，从其重者判断。无意受贿，核检失误而致判断增罪，则减二等。已减罪，则减三等。尚未判断，则依次当再减一等。①

（五）上报文书迟缓

中书、枢密、诸司等都案文书住滞时，官大及品亦当入承罪人中，应枷系亦枷系，应笞杖者，行杖处所属大人当计，罚钱若干置案。其中诸司都案应承杖亦承杖。②

（六）判写不明

对于判写书的基本要求是事实明了、运用法律准确。西夏规定上报诸司及京师的判决书要：

言情种种，当令一一好好显明。若不明报时，大人、承旨、习判、都案、局分案头、司吏等所获何罪，视其未明之言情及言情轻重，酌量判断。③

（七）判断有误

《天盛律令》规定：

诸局分人谓已□种种文书，当求大恒历律令而出判凭时，若未能推究情节，或推究有误及述说有误，报经上司时有误，一律庶人十杖，有官罚钱五缗。其中受贿者当以枉法贪赃罪论。④

（八）误写文书

诸人未受贿而误行文书，增有罪人之罪，则当比有罪人减二等，减之则减三等。判断未至，则依次当再减一等。⑤

五、审判执行

对于案件判决的执行是将法律裁定付诸实施的制度，是施于犯罪人本身的种

---

①② 史金波等译《天盛改旧新定律令》，法律出版社，2000年版，第322页。

③④ 史金波等译《天盛改旧新定律令》，法律出版社，2000年版，第383页。

⑤ 史金波等译《天盛改旧新定律令》，法律出版社，2000年版，第387页。

种制裁。根据判决书的量刑,执行各种刑罚的方法和要求是不同的。西夏对于审判的执行主要有:

拘管 《天盛律令》有:

> 节亲主犯种种罪时,除谋逆、失孝德礼、背叛、杀伤父母等依法判断外,其余犯十恶及不论官罪时,死命黥杖等当□□地当受,所应持处应持,□□处拘管□依犯杂罪之拘管法当拘管之。①

罚马 罚马是一种财产刑,它的执行不涉及犯罪人的人身。西夏的罚马要求自训旧马至有齿好马当交;罚马也可以钱来折算,罚一马当折交二十缗钱;有俸禄者可从俸禄中减除,未有俸禄,则罚一马折算降官一级。不愿降官而愿受杖的,则罚一马受十三杖,罚二马十五杖,罚三马十七杖,自罚四马以上一律二十杖。② 可见西夏对于财产刑,在执行中采取较为灵活的方法。

遣送 边中、京师畿内等诸司人判断完毕时,犯罪人获重劳役的判罚,如何派遣,当上报中书、枢密。中书、枢密裁量遣送之处,当将犯罪人遣送至所示处。倘若诸司官吏未按照中书、枢密的谕文,擅自遣送它处时,有官罚马一,庶人十三杖。③

服刑 诸人判决为种种罪时,依五刑轻重不同次第予以明确。所服杖刑为大杖七至十三杖;劳役刑为三个月、六个月、一年;短期徒刑为一年以上六年以下;八年、十年及十二年三种为长期徒刑,期满依旧可回原居住处;十三年以上为无期徒刑,期满后犯罪人不许回原居住处,依旧要限制在服刑地;死刑用绞杀及剑斩。除杖刑、死刑外,在服其它刑罚之前都要施以杖刑,其中获劳役自三个月以上至二年者十三杖;获徒刑三四年十五杖,五六年十七杖;获三种长期、无期徒刑等当受二十杖。④

追逃 犯罪人为十恶罪或判处长期徒刑以上的刑罚潜逃的,追逃后对逃跑者当绞杀;犯十恶者之父兄、亲戚等连坐的人,故意逃跑者,依旧当送附近有苦役处,为一年劳役;因为盗及他杂罪而获长期徒刑的逃跑者,追逃后当重增黥字,打二十杖,送先住处;其余获长期、短期徒刑期间逃跑者,未为他罪,则当分别受杖,送所住记名处,不另加他罪。⑤

收监 对于服刑的犯罪人员,西夏规定:

---

① 史金波等译《天盛改旧新定律令》,法律出版社,2000年版,第601页。
② 史金波等译《天盛改旧新定律令》,法律出版社,2000年版,第602页。
③ 史金波等译《天盛改旧新定律令》,法律出版社,2000年版,第603页。
④ 史金波等译《天盛改旧新定律令》,法律出版社,2000年版,第605页。
⑤ 史金波等译《天盛改旧新定律令》,法律出版社,2000年版,第393—394页。

> 服劳役等监管，应好好收监，不许受贿亡失放纵。倘若违律放纵亡失，因受贿而放出等时，亡失放出者依条下所示罪判断。受贿则与枉法贪赃罪比较，从重者判断。[①]

连坐　连坐是及于犯罪人亲属的刑罚，西夏法律对于连坐的人员有详细的规定。但也有些应连坐的人员在一定的条件下不使用连坐，包括：男人满八十，女人满六十，及男有重病、女有弃病等不使用连坐；祖母、婶母、嫂娣、姑，次等寡居，及有女妹，或已嫁，或为他人养女，或有为僧人、道士等者，不计入连坐人中；妻子、媳妇、使军、奴仆等有谋逆，犯者当依法承罪，公公、婆母、丈夫、头监及妇人所有子女等勿连坐。[②]

存档　对于案件的审判及执行文书，皆须收档注册备案。《天盛律令》规定：

> 偏问、储典册勾管者当令明之，当行板簿而入册。若殿前司引送一册，殿前司人亦所敛行板簿一卷到来，其板簿上送为录册，注册处明而行之，当注册为正册、为典库□位之人中间当送殿前司磨勘。若违律应注册而不注册时，当依未录册上，不注册之人数比一一罪状之举赏加一等判断。[③]

通过以上对西夏审判制度的分析，我们可以看出西夏的审判制度层次分明、环环紧扣。对于审与判虽有所分，但又交错联系。西夏审判制度中体现出了德与威并重、严与宽相济的理念，其中也不乏有许多灵活的规定。西夏严谨的审判制度从另一个方面也说明了西夏不断发展的封建统治此时已趋于规范化。

六、西夏审判制度的承袭

通过以上我们对西夏审判制度的分析，可以看出西夏审判制度严谨细致。而西夏能够做到这一点，完全得益于中国传统法律中有关审判的经验与成就。在西夏建立之前，中国传统法律就已将审讯与判决这一程序经过的两个步骤联系在了一起，中国古代称为鞫谳。鞫在篆文中是形声字，上部的竹头为声，下部的左边是表示与刑具、犯罪有关的幸字，右边是人、言，合起来表示罪犯之言，即供词，后简写作鞫，释义为审问、审讯。司马迁《史记·酷吏列传》有“讯鞫论报”之说；谳，其本义为“议罪”，就是审讯后定罪。

西夏审判制度传承中国古代审讯中不断积累的经验而形成。在中国古代，西

---

① 史金波等译《天盛改旧新定律令》，法律出版社，2000 年版，第 395 页。

② 史金波等译《天盛改旧新定律令》，法律出版社，2000 年版，第 112—113 页。

③ 史金波等译《天盛改旧新定律令》，法律出版社，2000 年版，第 611 页。

周已开始建立审讯的规范。《尚书·吕刑》有“两造具备,师听五辞”的记载,就是规定审讯时,原告、被告必须到庭,司法官按五辞审讯,五辞,即五听。如《周礼·秋官·小司寇》所言:一曰辞听,二曰色听,三曰气听,四曰耳听,五曰目听。司法官至少要从以上五个方面去考察案情。

《睡虎地秦墓竹简·封诊式》中记载的原告、被告到庭受审的案件多达二十余件。从这类案件审讯记录看,秦律首先要询问其姓名、身份、籍贯、住所和历史,还要询问曾否犯罪、是否经过赦免等情况。汉代审讯时,讯问的方式有两种形式,一种形式是一般人成为诉讼的原告和被告时,不吐犯罪真情,或罪犯供词与司法官掌握的案情不一致,司法官可以刑讯拷打,甚至可以连续几次使用拷掠,直至其吐实为止。另一种审讯的方式是,如属重臣、高官之间的诉讼,往往由皇帝主持,或由皇帝临时派员在特别场所主持讯问,诉讼当事人双方可以进行对辩,这与一般人成为诉讼原告、被告完全有异。

在律学确立和发展的魏晋时期,特别重视审讯的作用,据《晋书·刑法志》载:“告讯为之心吾。”充分运用律学理论,利用心理学知识,审讯诉讼当事人的技巧被推至一个更高的水平。认为审理案件,不能使用一种一成不变的方法,还要善于“临时观衅,使用法执诠者幽于未制之中,采其根芽之微,致之于机格之上……然后乃可以理直刑正”[①]。这是晋代司法官总结出来的一种新的审判理论,是一种有实践价值的理论。

唐宋法律规定了讯问先行、讯问不成功再行拷问的二步审讯法,也就是“情审”和“刑审”相结合的方法。唐宋法律规定审问要根据告状范围进行,不得追究他罪,所谓“诸鞫狱者,皆须依所告状鞫之”。不能“本状之外,另求他罪”[②]。西夏《天盛律令》的规定与唐律同,亦采用二步审讯法。西夏法律也重视状外之罪不予审查,目的在于防止审讯时漫无节制、罗织周纳、陷人于罪的现象出现。也由此,西夏建立了长官躬亲鞫狱制度,就是长官必须亲自坐堂问罪。

---

① 《晋书·刑法志》,群众出版社,1984年版,第25页。

② 刘俊文点校《唐律疏议》,法律出版社,1999年版,第596页。

第六章　刑罚执行制度

中国典籍与法律文本中经常出现“行刑”一词，意为刑罚执行，有时特指死刑的执行。《中国法学大辞典》的解释为：“刑罚执行，亦称刑事执行，将审判机关依法作出的已经发生法律效力的刑事判决和裁定付诸实施，并解决和处理由此而产生的有关法律问题的诉讼活动。”[①]西夏的刑罚执行，是司法体系长期发展的结果，其形成不仅与法律诸要素密切相关，也深受历史沉淀、社会政治、经济诸要素的影响。可以说，西夏的刑罚执行包含着对传统刑罚体系的选择与继承。

一、刑罚种类

（一）西夏五刑与唐律之异同

在刑法总则方面，《天盛律令》规定，对于找不到恰当条文的罪行，应援引相近罪名；其应出罪者，则举重以明轻，其应入罪者，则举轻以服众；二罪以上俱发时，以重者论，相等时，从一处罚；共同犯罪者，以主谋者为首犯，从犯减一等处罚。以上西夏对罪犯的处罚原则，大多汲取唐代的制度，在执行上与唐代既有继承，也有独创。以下就两律之刑罚加以比较论述，更可看出西夏刑罚之流变。

唐律五刑即笞、杖、徒、流、死五种刑罚。而西夏的五刑虽与唐律的五刑有一定区别，但受唐律的影响亦不小。《天盛律令》中有：

> 诸人犯种种罪时，依五刑义（笔者疑为“议”字）轻重不同次第，各自名事当明之。本罪初始时为大杖七八杖始，依次续加一等：十杖及十三杖，劳役三个月、六个月、一年，其上以一等论，短期所至为六年。自此以上，始于八年，取名长期。八年、十年及十二年三种长期者，期满依旧可回院中。此外其上无期者为十三年劳役，则苦役期满亦当住无期处。本罪已至绞杀及剑斩。其中获劳役之受杖次第者，获自三个月以上至二年者十三杖，获三四年十五杖，获五六年十七杖，获三种长期、无期等当受二十杖。[②]

---

① 《中国法学大词典》，中国检察出版社，2003年版，第765页。

② 史金波等译《天盛改旧新定律令》，法律出版社，2000年版，第605页。

从此条文可以看出,西夏的主刑为五刑——杖刑、短期徒刑、长期徒刑、无期徒刑、死刑。

下面就唐律五刑与西夏五刑的异同加以论述:

笞刑,是最轻的刑罚。笞刑的用具,汉时用竹片,唐代用荆条,西夏笞杖刑也用的是荆条,有时笞与杖可折算。笞刑的部位主要是臀部,也有脊背、腿部受刑的。

杖刑,即用杖打臀部的刑罚,比笞刑重一等。魏晋南北朝时期,律文中就有杖刑的规定,并有大杖、小杖、法杖之分。唐律与西夏的法典中都存在杖刑,西夏的杖刑分细杖和大杖。《天盛律令》中常有"庶人十三杖"的规定,《天盛律令》中的杖刑,既是历史上存在过的杖刑的总结,又是借鉴唐律仗刑的结晶。《天盛律令》的杖刑分为七、八、十、十三共四等。

徒刑,是比杖刑高一等的刑罚。即在一定时间内剥夺人身自由的惩罚。据《唐律疏议》有:徒者,奴也,盖奴辱之。[①] 犯人在服刑期间,如同奴隶一样,在武力监督下从事苦役。在中国,徒刑起源于周朝,徒刑的服刑期限,唐以前最长是五年,最短是一年;隋唐以后改为一至三年。唐律为一年、一年半、二年、二年半、三年五等。《天盛律令》的徒刑分为短期、长期和无期三种。(见下表)

徒刑	年　数	等　数
短期	三个月、六个月、一年、二年、三年、四年、五年、六年	共八等
长期	八年、十年、十二年	共三等
无期	十三年,期满后留住服役地	共一等

流刑,是仅次于死刑的重刑。《唐律疏议》名例言:"不忍刑杀,宥之于远也。"[②] 隋以前,流刑分五等;隋唐时改为三等,但流刑的远近隋唐规定不同,隋时分一千里至二千里三等,唐代分二千里至三千里三等,在当时二千里的行程大约走四十日。《天盛律令》中有遣边之法,使犯人在遣送处进行苦役。似是对唐律流刑的一种变通。但无流放远近等级,究起原因,应是西夏并无中原广阔的土地,可以把罪犯流放到二、三千里远的地方。

死刑,是最重的刑罚,又称大辟。据《唐律疏议》:"绞、斩之坐,刑之极也。"[③]中国各代的死刑种类很多,有腰斩、枭首、车裂、戮、绞、磔等,刑罚极为残酷。到隋唐以后才改定为绞、斩二刑。唐朝对死刑的判处控制甚严。规定死刑必须三次奏报皇帝,未经皇帝批准,擅自执行的主管官吏将受到处罚;即使皇帝批准,下达执行死刑命令也须在命令下达的第三天才可行刑,若提前行刑,有关官吏要受到徒一年的惩罚。这样做的目的就是为了减少误判,尽量少用死刑。《天盛律令》也将死刑定

①② 刘俊文点校《唐律疏议》,法律出版社,1999年版,第5页。

③ 刘俊文点校《唐律疏议》,法律出版社,1999年版,第6页。

为绞、斩两种，如：

欲谋逆官家，触毁王座者，有同谋以及无同谋，肇始分明，行为已显明者，无论主从一律以剑斩。[①]

庶民谋逆，若未动手则造意绞死。[②]

同时，西夏吸收唐律对死刑严格控制的复奏制度，也规定了死罪的复奏制度，在《天盛律令》卷二“不奏判断门”和卷九“诸司判罪门”中，有详细的规定。

(二) 五刑之中，十恶尤切

“十恶”是《天盛律令》中刑罚最重的罪行，皆为死刑，以绞、斩执行。“十恶”萌于汉代，至北齐已有“重罪十条”，即反逆、大逆、叛、降、恶逆、不道、不敬、不孝、不义、内乱。直到隋开皇时，十恶之制才正式确立，它以北齐重罪十条为基础修订而成，隋《开皇律》的十恶为：一曰谋反、二曰谋大逆、三曰谋叛、四曰恶逆、五曰不道、六曰大不敬、七曰不孝、八曰不睦、九曰不义、十曰内乱。唐代全套搬用隋朝十恶之条。十恶在《天盛律令》中也如唐律一样被视为最严重的罪行，实际上是唐律十恶被西夏继承下来的结果。《天盛律令》把唐律十恶稍加改动，即成适于自身之十恶。《天盛律令》的十恶为：一曰谋逆、二曰失孝德礼、三曰背叛、四曰恶毒、五曰为不道、六曰大不恭、七曰不孝顺、八曰不睦、九曰失义、十曰内乱。

下面将两律中的十恶作一比较：

唐律疏议罪名	内　　容	唐律处罚	天盛律令罪名	内　容	律令处罚
(1) 谋反	谋危社稷	斩	(1) 谋逆	谋逆官家	斩
(2) 谋大逆	谋毁宗庙、山陵及宫阙	绞	(2) 失孝德礼	毁损盗毁宗庙、地墓	绞
(3) 谋叛	背国从伪	绞	(3) 背叛	诸人议逃(叛逃)	斩
(4) 恶逆	殴及谋杀祖父母、父母；杀伯叔父母、姑、兄、姊、外祖父母、夫之祖父母、父母	斩	(4) 恶毒	杀祖父母、父母、庶母；杀伯、叔、姨、姑妹、兄长、节上人、节下人；妇人杀丈夫	斩
(5) 不道	杀一家非死罪 3 人； 支解人； 造畜蛊毒； 魇魅；	斩 斩 斩 斩	(5) 为不道	杀一门下无罪 3 人； 肢解人； 故意杀人； 做咒法事、谋杀他人；	斩 斩 斩 斩

① 史金波等译《天盛改旧新定律令》，法律出版社，2000 年版，第 111 页。

② 史金波等译《天盛改旧新定律令》，法律出版社，2000 年版，第 114 页。

续表

唐律疏议罪名	内　　容	唐律处罚	天盛律令罪名	内　容	律令处罚
(6) 大不敬	盗神御之物、乘舆服御物； 伪造御宝； 合和御药误不如本方及封题误； 造御膳误犯食禁； 御幸舟船误不牢固； 指斥乘舆情理切害； 对捍制使而无人臣之礼；	绞 斩 绞 绞 绞 斩 绞	(6) 大不恭	盗毁神御之物、御物； 伪造及盗御印等时； 合御药写名有误及服法有错； 御食混散杂物时； 敌视国家，在帝臣间用谗舌言重，在帝前劝谏外，任意宣说诽谤；	斩 斩 绞 斩 斩
(7) 不孝	告言、詈诅祖父母、父母； 别籍异财； 若供养有缺； 父母丧身自嫁娶若作乐释服从吉； 闻祖父母、父母丧匿不哀； 诈称祖父母、父母死；	绞 徒三年 徒二年 徒三年 流二千 徒三年	(7) 不孝顺	对亲高、曾祖父及祖父、祖母、父母、庶母、儿媳对以上人撒土灰、唾及顶嘴辱骂及举告等。	绞
(8) 不睦	谋杀及卖缌麻已上亲； 殴告夫及大功以上尊长；	斩 斩	(8) 不睦	节下人卖节上中祖父、祖母、父、母等。	斩
(9) 不义	谋杀本属府主、刺史、县令、现受业师。	斩	(9) 失义	杀本属大人、承旨、司判等； 杀皇使； 弟子、学生对官家所派师傅、先生打斗而杀时；	斩 斩 斩
(10) 内乱	奸小功已上亲、父祖妾。	绞	(10) 内乱	高祖母、曾祖母、祖母、母等所示节下、节上至亲、处为非礼者。	斩

从以上对比情况可以看出，十恶的内容唐与西夏基本一致。不同点在于十恶中的“不孝”上，《天盛律令》未如唐律那样对“不孝”一一明确，而是在卷二十“杂律门”中对“供养有缺”及“父母丧，嫁娶作乐”有明确规定。这说明对于“不孝”的认定上唐比西夏要严格。

另一方面,《天盛律令》对"十恶"的处罚比唐律严峻,唐律中有徒、流二刑的适用,并非都处以死刑,而《天盛律令》都为斩、绞二刑。这是西夏比唐更注重以刑杀来维系法律。但有一点可以肯定,《天盛律令》的"十恶"与唐律"十恶"都被各自的统治者视为危及国家安全、社会道德的重罪,因而明文规定,犯有"十恶"者,一不能赎刑,二不在赦免之列。

二、刑罚执行的变通

(一)"八议"的议定

"八议",是指八种人犯罪,通过朝廷的"议",可予以减刑或免刑。"八议"制度自魏晋至隋唐,皆载于律。《唐律疏议》云:"乃立八议以广亲亲,以明贤贤,以笃宾旧,以劝功勤。"西夏的《天盛律令》也照袭唐律中的八议制度,两者几无差别。

唐律"八议"与西夏"八议"对照表

唐律"八议"	内　　容	天盛律令"八议"	内　　容
① 议亲	皇帝袒免以上亲,太皇太后、皇太后的缌麻以上亲,皇后的小功以上亲。	① 议亲	为帝之族、姻亲、皇太后之宗,皇后之亲。
② 议故	皇帝的故旧,长期待奉过皇帝的人。	② 故人	长久待命,已测威力之谓。
③ 议贤	社会贤人,有德有才者。	③ 智人	有才者,有大德行,出言行为,堪以取则之谓。
④ 议能	治政、治军的杰出人才。	④ 善能	艺能殊胜,能习兵马,可判断事,辅佐帝道,能教授人礼之谓。
⑤ 议功	国家的有功之臣。	⑤ 有功	有大功,能斩将夺旗,能拓边地,支撑国难,及率军一起来投诚之谓。
⑥ 议贵	职事官三品以上,散官二品以上,爵一品以上的上层官僚贵族。	⑥ 尊上	有"及御印"以上官之谓。
⑦ 议勤	为国家服务勤奋劳作的人。	⑦ 勇勤	臣僚中行大勇勤,勤持官事,昼夜不忘,数度成功及数次派出使他国,能胜职事之谓。
⑧ 议宾	退位的皇帝和贵族。	⑧ 宾客	邻国王臣一起来本国投诚,日后子孙在之谓。

纵观两律明显可以看出,西夏的八议比唐八议要细化。两律前"三议"相同,在"养能"中,西夏的范围较唐律有所扩大。两律中最大的区别是第八项唐律的"议宾"与西夏的"宾客",但两律的立法意图是相同的。《天盛律令》的八议对象和唐律中一样享有议、请、减、赎、当、免等法律特权。

议,又称"议章",八议之人犯死罪者,一般官员不得裁决,要将其所犯罪状,按律应处刑罚和其应议的理由上报,由朝臣集体议定处理方案,然后由皇帝最后裁定。一般情况下,不属十恶之罪,八议之人皆可减刑免死。

请,又称"请章",即八议之人的亲属犯死罪者可以上请,将其犯罪的情况及上请的理由,报请圣裁。《天盛律令》规定:

> 八议者,帝之族、姻亲及内外臣民中待命人有大功□□□是宾客等,议语内与九亲和,外与□□□顺,露雨恩者,所行虽为公平□,然亲及有功者等不累不边若□□□□□失礼□□□及不论官等,不如此八减中,依法判断,此外犯诸种罪时,对于帝同族节亲减法以下另示以外,自帝之姻亲至八等宾客一样,犯死罪时,奏议实行。①

减,又称"减章",凡文武职事官等,以及"请章"特权者的亲属,犯罪都可减刑。《天盛律令》对帝之族亲减四至二等,此外自长期徒刑以下依次当减一等。其规定获斩、绞二种死,则减为十二年长期;三种长期、无期徒刑等时一律获六年劳役;六年以下者,一年当以一等计,获一年者当为六个月,六个月者当为三个月。②

(二)官当

官当,即"以官当徒",简称为"当",是以犯罪人一定的官品抵免其犯罪应执行处罚的变通方法。《天盛律令》规定:

> 诸有官及其人之子、兄弟,另僧人、道士中赐穿黄、绯、紫等人犯罪时,除十恶及杂罪中不论官者以外,犯各种杂罪时与官品当,并按应减数减罪,其法按以下所定实行,勿施一种黥刑。③

(1)西夏官员本人犯罪,执行的具体办法分十三种:④

1	庶人、有杂官等获杖罪时,及品"暗监"官以上至"拒邪"官,一律七八杖交二缗钱,十杖交五缗钱,十三杖交七缗钱。

① 史金波等译《天盛改旧新定律令》,法律出版社,2000年版,第132页。

② 史金波等译《天盛改旧新定律令》,法律出版社,2000年版,第605—606页。

③ 史金波等译《天盛改旧新定律令》,法律出版社,2000年版,第138—139页。

④ 史金波等译《天盛改旧新定律令》,法律出版社,2000年版,第139—144页。

续表

2	庶人获十三杖，徒三个月时： 杂官“十乘”以上至“胜监”当受十三杖，应交十缗钱。 “暗监”以上至“拒邪”罚马一。
3	庶人获十三杖、徒六个月时： “十乘”官至“胜监”官，十三杖，罚马一。 “暗监”官至“柱趣”官罚马二。 “语抵”官至“拒邪”官罚马一。
4	庶人获十三杖，徒一年时： “十乘”官至“胜监”官降一官，受十三杖。 “暗监”官至“柱趣”官降一官，罚马一。 “语抵”官至“拒邪”官罚马二。
5	庶人获十三杖，徒二年时： “十乘”官至“胜监”官受十三杖，降二官。 “暗监”官至“柱趣”官，降二官，罚马一。 “语抵”官至“真舍”官降一官，罚马二。 “调伏”官至“拒邪”官降一官，罚马一。
6	庶人获十五杖，徒三年时： “十乘”官至“胜监”官当革除官、职，军勿革，受十三杖，徒三个月，日漫依旧当往。 “暗监”官至“戏监”官降五官，罚马三。 “头主”官至“柱趣”官降四官，罚马二。 “语抵”官至“真舍”官降三官，罚马二。 “调伏”官至“拒邪”官降二官，罚马二。
7	庶人获十五杖，徒四年时： “十乘”官至“胜监”官，官、职、军皆当革除，徒六个月，日满依旧当往。 “暗监”官至“戏监”官，官分两半降一分，革职，勿革军，徒三个月，日满依旧当往。 “头主”官至“柱趣”官，降七官，罚马四。 “语抵”官至“真舍”官，降五官，罚马二。 “调伏”官至“拒邪”官，降三官，罚马二。
8	庶人获十七杖，徒五年时： “十乘”官至“胜监”官，官、职、军皆革除，徒一年，日满依旧往。 “暗监”官至“戏监”官，官、职、军皆革除，徒六个月，日满依旧往。 “头主”官至“柱趣”官，官分两半降一分，革职，勿革军，徒三个月，日满依旧往。 “语抵”官至“真舍”官，降七官，罚马四。 “调伏”官至“拒邪”官，降五官，罚马三。

续表

9	庶人获十七杖,徒六年时: “十乘”官至“胜监”官,官、职、军皆革除,徒二年,日满依旧往。 “暗监”官至“戏监”官,官、职、军皆革除,徒一年,日满依旧往。 “头主”官至“柱趣”官,革除官、职,勿革军,徒六个月,日满当依旧往。 “语抵”官至“真舍”官降十官,罚马四。 “调伏”官至“拒邪”官降七官,罚马三。
10	庶人获二十杖,徒八年长期时: “十乘”官至“胜监”官,官、职、军皆革除,徒三年,日满依旧往。 “暗监”官至“戏监”官,官、职、军皆革除,徒二年,日满依旧往。 “头主”官至“柱趣”官,官、职、军皆革除,徒一年,日满依旧往。 “语抵”官至“真舍”官,革职,勿革军,降十五官,罚马七。 “调伏”官至“拒邪”官,勿革军,降十官,罚马五。
11	庶人获二十杖,徒十年时: “十乘”官至“胜监”官,官、职、军皆革除,徒四年,日满依旧往。 “暗监”官至“戏监”官,官、职、军皆革除,徒三年,日满依旧往。 “头主”官至“柱趣”官,官、职、军皆革除,徒二年,日满依旧往。 “语抵”官至“真舍”官,革职,勿革军,降十七官,罚马七。 “调伏”官至“拒邪”官,勿革职、军,降十三官,罚马五。
12	庶人获二十杖,十二年长期、无期徒刑时: “十乘”官至“胜监”官,官、职、军皆革除,徒六年,日满依旧往。 “暗监”官至“戏监”官,官、职、军皆革除,徒四年,日满依旧往。 “头主”官至“柱趣”官,官、职、军皆革除,徒三年,日满依旧往。 “语抵”官至“真舍”官,降二十官,罚马七,革职,勿革军。 “调伏”官至“拒邪”官,勿革职、军,降十五官,罚马七。
13	庶人获二种死刑时: “十乘”官至“胜监”官,官、职、军皆革除,徒八年,日满依旧往。 “暗监”官至“戏监”官,官、职、军皆革除,徒五年,日满依旧往。 “头主”官至“柱趣”官,官、职、军皆革除,徒三年,日满依旧往。 “语抵”官至“真舍”官,官分两半降一分,罚马七,革职、军,依旧往。 “调伏”官至“拒邪”官,官三分中降一分,罚马七,革职,勿革军,依旧往。

观之以上,西夏五刑皆可适用“官当”,此范围比唐宋“官当”所及刑种范围要大。西夏对于死刑以官当后的最高刑为徒八年,可见西夏等级制的悬殊,官庶之间的差别巨大。

(2) 官员亲属犯罪之刑罚减免

《天盛律令》不但规定了官员本身犯罪可官当,就连其亲属犯罪也可享有官当的特权。《天盛律令》中有:

有官人自"十乘"官至"柱趣"官之子、兄弟犯罪时，依庶人法判断以外，有"语抵"官以上官之祖父母、父母、伯、叔、姨、子、兄弟、侄、孙、重孙、姑、姊妹、女、妻子、媳、亲侄母等犯杂罪时，比庶人罪，"及受"官当减二等，自"及御印"官以上当减一等。所剩劳役，子、兄弟等本人有待命官则与待命官品相当而减，此后获何罪，当依法承受。其中妇人与他人行淫一种，不允依丈夫、公公、侄父官减除。

父、兄弟等依官品应减人中，自有"及御印"官，依八减法减一等，依前分别明示以外，犯罪者及节亲父、兄弟等皆"及授"，则当奏告实行。若有"及御印"官父、兄弟，亦与自官品等及有大官者，当减一等，是"及授"官者当减二等。[①]

其官当的亲属范围包括：子、兄弟、祖父母、父母、伯、叔、姨、子、兄弟、侄、孙、重孙、姑、姊妹、女、妻子、媳、亲侄母等。所减为一至二等。

(3) 特殊身份者犯罪之官当

西夏僧、道不但社会地位高，且在法律上亦有特权。《天盛律令》规定：

僧人、道士中赐黄、黑、绯、紫者犯罪时，比庶人罪当减一等。除此以外，获徒一年罪时，赐绯、紫当革职，取消绯、紫，其中□依法按有位高低，律令、官品，革不革职以外，若为重罪已减轻，若革职位等后，赐黄、黑徒五年，赐绯、紫及与赐绯、紫职位相等徒六年者，当除僧人、道士，所遗劳役有官与官品当，无官，则依法服劳役。日毕后，入原属庙中为行童。[②]

(二) 庶民刑罚执行的变通

对庶民刑罚之变通，在《天盛律令》中有：

诸人老年至九十以上，年幼七岁以下者，有一种谋逆，当依时节奏告实行。其它犯各种罪，一律勿治。

七十至八十岁，十一至十四岁，患聋、哑、侏儒、腰折、手脚缺一支等病，独自犯罪以及引导多人为造意，则当减一等，从犯减二等。

八十至九十岁，七岁至十岁，患长恶疮、疯癫、手足中缺二肢，盲两目，独自犯罪以及引导多人犯罪，造意则减二等，从犯当减三等。

前述老幼者、重病等之最已减以后，而需服多少劳役数，能赎则赎，按

---

① 史金波等译《天盛改旧新定律令》，法律出版社，2000年版，第145页。
② 史金波等译《天盛改旧新定律令》，法律出版社，2000年版，第145—146页。

五日交一斤铁算。①

从以上可知,对于无官品之庶民,在执行时考虑变通的因素有三点,年龄、残疾、重病。变通的办法可用减刑和赎铁。

同时《天盛律令》规定可以出工抵债,这也是无力执行财产处罚时的一种变通。其规定为:

年七十以上及十岁以下等,依老幼当减出工。十岁以上,七十以下者,当物主人处不需出工,亦应令于其他需用处出工。价格:大男人七十缗,一日出价七十钱;小男及大妇等五十缗,一日五十钱;小妇三十缗,一日三十钱算价还。钱少,则与工价相等时,可去。②

三、执行附加刑

附加刑是西夏刑罚之一种,附于主刑(杖、短期、长期、无期、死刑)而适用,不是主刑,也不是主刑的替代物。但不是所有的犯罪均适用附加刑。西夏的附加刑为黥刑和枷刑二种。

(一) 黥刑

对于黥刑《天盛律令》从三个方面规定其执行:

(1) 黥刑的施用。西夏规定:

诸人犯罪中属十恶、盗窃、卖敕禁、检校军等犯大小罪,以及杂罪中有长期徒刑等,当依黥法受黥。此外犯种种杂罪时,获一种短期劳役,高低一律勿黥。③

西夏对于犯有四种罪名,即十恶、盗窃、卖敕禁、检校军及杂罪中处以长期徒刑的罪犯执行黥刑。

(2) 字数、部位。《天盛律令》规定:

徒一年至三、四年,手背黥四字。徒五、六年耳后黥六字。徒八年、十年等面上黥八字。徒十二年、无期徒刑等当黥十字。手背明显处,再后字于末及项上、头发显处,得长期徒刑者一律由面上、目下至头颜骨上、颊骨

---

① 史金波等译《天盛改旧新定律令》,法律出版社,2000年版,第150页。
② 史金波等译《天盛改旧新定律令》,法律出版社,2000年版,第174页。
③ 史金波等译《天盛改旧新定律令》,法律出版社,2000年版,第152页。

上，各种当刺黥样依以下分别而为。[①]

此条规定黥刑的字数为四字、六字、八字、十字四等，相应的部位为手背、耳后、面上和目下至颊骨上。字数定为双数可左右对称，皆为突出侮辱性质。

（3）规避黥刑。对黥刑的规避分为执行人的规避和被执行人的规避。西夏要求司法官吏在施黥刑时严格按法律规定执行，如有违反当受惩处。

诸人因罪获死减罪，应受黥、杖，以及无期徒刑、三种长期徒刑等，应于面上黥刺。不黥刺时，局分大小中谁定不黥刺者，徒六年；耳后不黥刺时，徒三年；手背不黥刺时，则当徒一年。有同谋者则当依次减一等。

黥刺字不依律令所示法刺，于头发中未显处刺时，当比前面全未刺之各种罪状减一等。

不依服劳役高下应黥明确字数黥刺而减半时，面上减半，当服三年劳役；耳后减半，当服二年劳役；手背减半，当服六个月劳役。

虽按服劳役高低，依黥法应刺字数黥刺，但未按黥样所定黥刺，则在面上当徒一年，在耳后当徒六个月，在手背上当打十三杖。[②]

西夏从四个方面明确违反黥刑的行为，即不黥刺、未按部位黥刺、减少应刺字数、未按样式黥刺。违反黥刑规定的司法官吏如果受贿，则按枉法贪赃论处。与前述刑罚比较，依其重者判断。[③]

另一方面《天盛律令》还规定被执行黥刑的罪犯不可违律去黥字：

诸人已犯罪及已黥字，不允随意去掉。假若违律去黥字者，去掉面上徒三年，去掉耳后徒二年，去手背徒一年。有黥字人原有何字当重依旧刺字。其中有官家谕文及因恩当去掉等，应告局分使去掉。若不告擅自去掉时，有黥字人和去黥字者一律有官罚马一，庶人十三杖。[④]

（二）枷刑

《天盛律令》规定：

诸人因犯罪，判断时获服劳役，应戴铁枷时，短期徒刑当戴三斤，长期

---

① 史金波等译《天盛改旧新定律令》，法律出版社，2000年版，第152—153页。

②③ 史金波等译《天盛改旧新定律令》，法律出版社，2000年版，第153页。

④ 史金波等译《天盛改旧新定律令》，法律出版社，2000年版，第153—154页。

徒刑当戴五斤。[①]

可见,戴铁枷适用于劳役和长短徒刑,分三斤和五斤两种。

对于违反枷刑的行为,将按以下处罚:

戴铁枷者日未满,擅自去掉铁枷时,短期徒刑者当依次增加一等,勿黥字。六年以上徒刑曾为长期徒刑,及以前是长期徒刑时,不用依次增加,而增加黥杖。

戴铁枷者被头监及主管处他人等去掉铁枷时,不足一年者十三杖,一年至三年者当徒三个月,四年至六年者当徒六个月,三种长期徒刑当徒一年。[②]

(三) 复合执行

西夏主刑不可复合,而附加刑可复合执行。如杖刑与黥刑、枷刑可一并施用,在《天盛律令》中,对于叛逃中的使军等主犯绞杀,从犯则:

依法当受黥、杖,当长期戴铁枷。[③]

再如,徒刑与黥刑、枷刑一并执行:

牧、农、舟主,相军等应获短期徒刑者,正军、辅主一律应黥之则当黥之,应置铁枷当留入院中。[④]

四、执行连带刑

连带刑是对于某种行为产生的连带刑罚,这种行为既可因自己作为、也可因他人作为而引发。其与附加刑的区别在于,附加刑是对于主刑的附加。两者的引发对象不同,连带刑针对的是行为,附加刑针对的是主刑。

西夏的连带刑主要有:

(一) 连坐

这是基于亲属关系的刑罚,《天盛律令》规定谋逆者的祖父母、父母、兄弟、姐

---

① 史金波等译《天盛改旧新定律令》,法律出版社,2000 年版,第 156 页。
② 史金波等译《天盛改旧新定律令》,法律出版社,2000 年版,第 156—157 页。
③ 史金波等译《天盛改旧新定律令》,法律出版社,2000 年版,第 116 页。
④ 史金波等译《天盛改旧新定律令》,法律出版社,2000 年版,第 615 页。

妹、子女、妻子、子媳、孙及孙媳等要连坐，就连

伯叔、姨、侄等同居不同居一样，当随其连坐。[①]

也有不入连坐的规定，主要有四种情况：

(1) 未迎嫁娶。

谋逆者应连坐家门中妻子、媳、孙媳等，虽与其人为婚姻，但未迎家中，婿未往有主家，未及家门，勿入一种连坐中。

(2) 年高体病。

应连坐中，男人满八十，女人满六十，及未及老年中男有重病，女有弃病等勿连坐。

(3) 寡居出家。

祖母、婶母、嫂娣、姑，此等寡居，及有女妹，或已嫁，或为他人养女，或有为僧人、道士等者，末入连坐中。

(4) 贱不及贵。

妻子、媳妇、使军、奴仆等有谋逆，犯者当依法承罪，公公、婆母、丈夫、头监及妇人所有子女等勿连坐。[②]

(二) 没收

例如，谋逆者所有的：

畜、谷、宝物、地、人等，所有当并皆没收入官。其中祖父母、父母、兄弟、姐妹、女等非同居，则畜、谷、宝物、地、人等勿没收。[③]

---

①③ 史金波等译《天盛改旧新定律令》，法律出版社，2000年版，第111页。

② 史金波等译《天盛改旧新定律令》，法律出版社，2000年版，第112—113页。

(三) 赔偿、返还

诸如：

盗官私之畜、谷、物、人等，盗窃时，畜物属者自告，及有举报者，及以问解明等，一律现有则当送回，现无则偿偿其所盗，依价量还给，告赏亦当出自盗者。其中或有不能赔偿、出告赏者，当找相为盗者，各盗者畜、人、物、舍房、地亩计价赔偿。①

五、刑罚执行的特点

西夏在刑罚执行上，大体反映出三个特点：

(一) 体现重刑

重刑思想在我国传统刑罚中占有重要地位，西夏司法实践中的重刑广泛存在。西夏刑罚中的残酷惩治、连坐即是重刑表现，特别是犯人触犯谋逆等“十恶”重罪皆为死刑，足见西夏统治者刑罚的核心和根本是重刑。

对于违反刑罚执行的，西夏将以严惩，如规定：

被判处长期徒刑的罪犯“自专逃跑者当绞杀”，因十恶而连坐的父兄、亲戚等“故意逃跑者，依旧当送附近有苦役处，为一年劳役。若附近无苦役处，则于城内为一年苦役。②

逃避执行：

诸种种□□擅自放弃职事而逃离时，自一日至十日笞四十，十日以上至二十日笞五十，二十日以上至一个月笞六十，一个月以上至四十日笞七十，四十日以上至五十日笞八十，五十日以上至两个月笞九十，两个月以上至至七十日笞一百，七十日以上至八十日徒六个月，八十日以上至三个月徒一年，三个月以上至一百日徒二年，一百日以上一律徒三年。局分人徇情释放时同之，受贿则与枉法贪赃罪比较，从重者判断。③

(二) 体现慎刑

西夏虽规定严苛的刑罚，但在适用时采慎重的态度。西夏规定的对于死刑的

① 史金波等译《天盛改旧新定律令》，法律出版社，2000 年版，第 173 页。
② 史金波等译《天盛改旧新定律令》，法律出版社，2000 年版，第 393 页。
③ 史金波等译《天盛改旧新定律令》，法律出版社，2000 年版，第 612 页。

上报、集议、复议制度即是慎刑的表现。在刑罚的执行上西夏亦要求谨慎处置，如：

边中、京师畿内等诸司人判断公事时，获重劳役已出时，为苦役中如何派，预先当告中书、枢密。中书、枢密大人当量之，遣送处已明时，当遣送所示处。倘若诸司局分大小人不寻中书、枢密谕文，擅自遣送有事处时，有官罚马一，庶人十三杖。①

其次，西夏依据时节审断与执行也是慎刑的表现。如：

诸人犯种种逆罪，失畜、谷、宝物、田地、房舍等，理应为官方所有者，问处司人当依时节过问。②

再次，西夏规定了对老小废疾等的刑罚减免措施，体现了统治者对刑罚执行的多方考虑。

（三）体现等级

中国传统刑罚执行中存在鲜明的贵贱尊卑有别的等级制度，“刑不上大夫”由来已久，贵族官僚犯罪后可以享受减免等各种特权，这一点西夏亦不例外。西夏的“八议”、“官当”、“上请”等制度，都是为贵族官僚凭借其特殊的身份，享受特别的待遇而制定的。

---

① 史金波等译《天盛改旧新定律令》，法律出版社，2000年版，第603页。

② 史金波等译《天盛改旧新定律令》，法律出版社，2000年版，第611页。

第七章　狱政制度

监狱管理制度是司法的有机组成部分。揭示西夏法典中监狱管理的基本内涵，是打开洞察西夏司法实践的窗口，也为建立完整的西夏司法体系所必需。现存的西夏《天盛律令》中有大量的狱政制度，经整理、细化，与唐、宋律令比较，我们会发现，西夏的狱政制度已达到较高的水平。

一、西夏狱政制度概述

（一）西夏的监狱

（1）西夏监狱管理制度的基本沿革。监狱是国家机器的重要组成部分。中国古代监狱产生于夏朝。据传说，夏朝的监狱叫夏台。商朝时，监狱制度有了一定程度的发展。根据出土实物和甲骨文的反映，当时的监狱形态，基本上是简单地改造和利用了的自然物，如土窖和槛笼等。囚禁的对象主要是"犯罪"的奴隶和战俘。商朝还制造了束缚"犯罪者"手脚的械具，从而奠定了古代桎梏制度的基础。西周在监狱管理上推行了"以圜土聚教罢民"的特殊制度，被认为是近代"感化"制度的滥觞。春秋战国时期，随着社会生产关系的变革，狱政制度也有所创新。李悝制定的《法经》中有"囚法"一篇，就是关于狱政管理的，可以说是中国古代最早的监狱法，后代各朝律中的《断狱篇》，即在此基础上发展完备起来。我国封建社会监狱管理制度形成于秦、汉。汉朝根据"德主刑辅"、"礼法并用"的指导思想，提出了"悯囚恤刑"的主张，创造了"录囚"制度。西晋颁布的《狱官令》，是中国古代最早的有关监狱管理的单行法规。从其内容看，当时的监狱管理制度已经相当完善了。隋唐是我国封建社会监狱管理制度的成熟阶段。从监禁方式的分类到械制的规范化，从狱禁制度的明确规定到犯人生活卫生的严格管理，都标志着中国古代监狱管理的水平走在了世界前列。宋朝统治者为了加强中央集权，注重对狱务的控制，管理措施比前朝更加健全，许多制度得到了发展。西夏作为少数民族建立的政权，监狱管理多采汉制，广泛移植唐宋律令，并结合本民族特点，形成了一套完整的狱政制度。可以说这套制度是对中国唐代以前狱政的总结与提炼。

（2）西夏监狱管理的性质。西夏监狱不是执行自由刑的场所，而是临时羁押囚人的看守所，属于诉讼程序中的羁押机构，同诉讼活动有着紧密的联系。它是西夏王朝针对案件的侦查、审讯以至判罪所采取的一项必要措施。虽然西夏监狱管理不是直接的诉讼行为,但却是直接为诉讼活动服务的,是诉讼活动的一种"保全措施",被包含在诉讼活动之中,与诉讼活动形成从属关系。监狱管理与诉讼活动之间相互依存,具有共同的职能。由于监狱管理始终围绕着"诉讼"这一目的进行,受制于诉讼的需要,不能脱离诉讼活动的"束缚"而独立存在,这就决定了它本身既无独立存在的基础,又无特定的范畴,在内容上具有一定的不确定和模糊性。

(3) 西夏监狱管理的指导思想和基本原则。产生于春秋战国时期的儒家学说,经汉以后思想家的改造,在汲取其他各家学说的基础上,成为中国社会占统治地位的道德观念。儒家道德观念不仅是维护封建政治、经济和文化制度的工具,而且随着礼法结合和以礼入律的过程,也是构成中华法系诸特点的决定性因素。同样,它也以自己刑中有德、法中有礼、严中有宽的特征,成为唐宋监狱管理的指导思想。这一思想也被西夏作为监狱管理的指导思想和基本原则。其具体内容有:第一,法治原则。法治原则是建立在监狱立法基础上的。自从先秦法家提出了"法治"思想并制定和公布了成文法之后,监狱立法也就随之而出。战国魏有《囚法》、秦汉有《囚律》、魏晋以后有《断狱律》和《狱官令》。此外,历代还根据监狱管理的实际需要,随时颁布诏令,从而使监狱立法日趋完善。西夏也把狱政制度纳入成文法典《天盛律令》中加以法治化。第二,等级特权原则。古代法律是等级特权的法律,西夏司法制度也不例外,反映在监狱管理上就是等级特权的管理原则。

(4) 西夏监狱管理机关的设置和特征。隋唐在中央形成大理寺、刑部和御史台三大司法狱政机关鼎足而立的体系。唐朝大理寺有大理寺狱、刑部,掌天下刑名徒隶,御史台根据审判和复核的实际需要,也自置监狱。京师另置京兆、河南二狱,则分别由京兆、河南二府典理。地方州县有典狱之职,分掌本署狱政事宜。宋朝在监狱管理机关及监狱的设置上虽互有异同,但基本上都是隋唐制度的继续。宋代各级行政区及各司衙门,除路以外,都设有监狱。从《天盛律令》看,在西夏设有监狱的机构有边中诸司、都巡检等处和京师诸司。①

从唐宋与西夏监狱管理机关设置的情况可以看出,监狱是司法机关的附属物,凡是司法机关就是监狱管理机关。同时,司法机关又从属于皇帝控制下的行政机构,狱政权受行政权的直接制约和支配。因此,所谓监狱管理机关,不是行使监狱管理专门权限的机关,而是兼具行政、司法和狱政等多种权力的一般管理机关,从而形成狱政、司法和行政机关在组织上的一体化特征。

(二) 西夏狱政的执行

执行狱禁就是利用监狱各项管理措施,把囚人控制在一定场所,使之随时听候审判和接受刑罚的强制过程。具体内容概括有:

(1) 囚禁。囚禁是狱禁的开始。《说文》:"囚,系也,从人在囗中。"反映了古代

---

① 史金波等译《天盛改旧新定律令》,法律出版社,2000 年版,第 336—337 页。

囚字的起源和含义。唐宋时期凡羁押之人,先由狱官立案,写明犯罪事由,签署画押,宋代谓之“立判”。囚禁有两种情况,一是对有关诉讼参与人的囚禁,二是对未执行的已决犯人的囚禁,其中以前一种情况为主。《天盛律令》中的囚禁对象主要是“当事人者”和“有罪人”。也以第一种情况为主。同时西夏也如唐宋一样囚禁原告、佐证、干连人和民事诉讼当事人等,限制对官吏贵族的囚禁。

(2) 械系与械具。犯人被囚入狱,一般要戴上械具,为械系。《说文》:“械,桎梏也。”古代最早的械系形象,是殷墟小屯发掘出土的一批身被桎梏的陶俑,证明商朝时我国就已经形成了完备的械系制度。以后历朝,这一制度得到了进一步的发展和完善。唐律规定:凡死罪,枷而杻。妇人及徒、流枷而不杻。官及勋、散之阶第七以上,锁而不枷。杖、笞与公坐徒,及年八十、十岁、废疾、怀孕、侏儒之类,皆颂系以待弊。①《宋刑统》的规定与唐律完全相同。西夏《天盛律令》的规定为:节亲、宰相、诸司大人、承旨、大小官僚、行监、溜首领等于家因私入牢狱,不许置木枷、铁索、行大杖,若违律时徒一年。另外还规定:疾病时、恶疮、孕子等应释其枷锁。② 可见,西夏与唐宋对械系的规定大体一致,一般入狱都要戴械具,只有三种情况免戴械具:1. 贵族官僚有爵位者;2. 老幼孕妇残疾者;3. 犯轻罪者。

西夏与唐宋的械具大体相仿。有枷、锁、杻、杖、钳等。枷,木制项械,两半合拢套囚犯项上;锁,锁链,为铁制的刑具,连环相扣,用以绊系囚犯的双脚,又称脚镣。枷锁一般连用,《天盛律令》就有:

> 诸人因犯罪,判断时获服劳役,应戴枷锁时,短时徒刑当戴三斤,长期徒刑当戴五斤。③

杻,读丑,木制的手械,唐代又兼指脚镣手铐;杖,重量与长度依法律规定的木棒;钳,旧时铁制束颈的铁链。

(3) 取保在外。西夏与唐宋“保外”,是相对于“囚禁”而言的,凡囚禁的对象,都可能成为保外的对象。保释需具备一定的条件,有的是因为拷满不承,有的是为了疏狱的需要,有的是基于统治者悯囚恤刑的一时诏命等等。这些人被保释的原因消失后,还要再接受刑罚。《宋刑统·断狱》:

> 公坐流、私罪徒,并谓非官当者,责保参对。④

---

① 汪潜编注《唐代司法制度》,法律出版社,1985 版,第 118 页。
② 史金波等译《天盛改旧新定律令》,法律出版社,2000 年版,第 324 页。
③ 史金波等译《天盛改旧新定律令》,法律出版社,2000 年版,第 156 页。
④ 薛梅卿点校《宋刑统》,法律出版社,1999 年版,第 530 页。

《天盛律令》对禁囚的担保规定为：

有死罪不许担保。其中自无期以下者当允许担保。①

另外，

因犯十恶及杂罪中得死罪而已拘缚之人有疾病、恶疮、孕子等，不得担保。当使住牢狱净处，遣人侍奉，有疾病、恶疮、孕子等当治之，一面分析寻问当事人，自长期徒刑以下至短期者，有疾病，恶疮，妇人孕子生产日已明，则遣人视之。妇人生产月日是否属实，当问所知，是实则当令只关，暂接担保，疾病恶疮愈，产子一个月后再当推问，若非实，为之证者因未得仔细视之，有官罚马一，庶人十三仗。②

(4) 责遣与行刑。这是结束执行狱禁的两种基本方式。唐宋笞杖罪当庭责罚了事，而徒流罪则发遣配所。行刑是执行死刑，其专门规定有：

1. 适时行刑。一般情况下，被判处死刑的犯人，须待秋冬两季执行，这是古代行刑的通例。

2. 公开行刑。《周礼·秋官·掌戮》："凡杀人者踣诸市，肆之三日。"《唐六典·刑部》："凡决大辟罪皆于市。"但是，对皇亲国戚及达官贵人执行死刑则有"隐狱"的特殊规定。而《天盛律令》规定，公开执行死刑后一年内不收尸及作巫事。

3. 斩缓行刑。有两种情况：一是孕妇缓刑。唐以后各朝均有此制，西夏亦不例外。

妇人非产期亦当依法推问，其中妇人非产月勿受问杖。若推问毕而已为之判断时，当令视有疾病、恶疮者及孕子妇人，言是实，则疾病既愈及妇人已产之一个月然后判断。③

二是称冤缓刑。死囚于临刑前称冤的，应缓决重审。

4. 死刑复奏。此制形成于北魏，唐承之。

凡决大辟罪，在京者行决之司五复奏，在外者刑部三复奏。若犯恶逆以上及部曲、奴婢杀主者唯一复奏。④

---

①② 史金波等译《天盛改旧新定律令》，法律出版社，2000 年版，第 335—336 页。

③ 史金波等译《天盛改旧新定律令》，法律出版社，2000 年版，第 336 页。

④ 汪潜编注《唐代司法制度》，法律出版社，1985 版，第 105 页。

以后各朝在规定上略有损益。西夏亦有严格的复奏制。

(5) 纵囚归家。即在年终或其他情况下,允许犯人暂时出狱归家并按期返狱的一种管理办法。据《新唐书·刑法志》载:唐太宗贞观六年,“亲录囚徒,闵死罪三百九十人,纵之归家,期以明年秋即刑。及期,囚皆诣朝堂,无后者。太宗嘉其诚信,悉原之”。纵囚归家是唐执行狱禁的一种特别措施。它具有以下特点:

1. 它不是法律明文定制,而是由监狱管理者自行决定采取的临时性措施。

2. 它的实施是主管者品德“高尚”、决定有力的表现,只能是统治者中少数“杰出”者所为。

3. 它没有对象的限制。不论是轻罪还是重罪,亦不论是已决犯还是未决犯,统统可以纵归团聚。

4. 它是以纵囚人与被纵者之间的信誉为约束力的。纵囚归家,到期必须返狱,否则双方分别构成渎职罪和脱逃罪,要受到处罚。此制度在西夏的法典中未见到。

二、监狱管理基本制度

(一) 汇类分监制度

从历史考察,监禁的分类基本上有两大类型。一是杂居制,早期监狱管理采用过这一形式。二是独居制或分房制,为近代资产阶级所率先倡导和实行。中国古代监狱,是介于前两者之间的一种汇类分监制。《唐六典·大理寺》:“贵贱、男女异狱。”《宋会要·刑法六》:“禁系皆轻重异处。”唐宋以后各朝均有这方面的规定。西夏虽没有直接的法条写明男女异室、贵贱分监的条文,但从其他条文亦可间接证实,西夏也同唐宋一样系轻重异处。

(二) 生活卫生制度

此制我国出现较早,且较为完善。西晋《狱官令》规定:“狱屋皆当完固,厚其草蓐。家人饷馈,狱卒为温暖传致。去家远无饷馈者,悉给廪,狱卒作食。寒者与衣,疾者给医药。”[①]这说明至迟在西晋时我国就已经形成了以家庭供给为主、国家补助为辅的犯人衣食管理制度。唐以后各朝无不承袭这一制度并有不同程度的变通、发展和创新,进一步体现了我国古代监狱管理的文明。当然这只是制度而已,毕竟封建社会并非法治,因此,实际情况与其存在有很大的差距。囚犯羁押候审,往往长达十日,甚至有达数百日者,在此期间,囚犯医疗饮食待遇是一个重要问题。唐宋曾多次下令整顿监狱规章条例,改善囚犯待遇,对囚犯的医疗、饮食及其经费开支作了具体规定,西夏仿照唐宋对此有详细规定。

囚犯的医疗。禁囚有病,依法当经治疗。宋初,承五代后唐之制,各州设病囚院专门治疗病囚。宋代还有一项承监人负责料理病囚的制度,凡属允许出狱治病

---

① 李昉《太平御览》卷六四三,中华书局,1985年版,第2880页。

的病因，如果既无亲属、亦无他人作保，则由承监人负责安顿医疗。宋代还规定允许给病囚犯调整饮食。为加强对病囚的管理，宋还采取措施，由诸州颁发印历，各监狱狱官将囚犯病状、负责医治的官吏、医人姓名及治疗结果详细填写，本州长官签押，每年一换历，以备检查。西夏对囚犯的医疗虽不及宋详备，但亦仿照宋，对囚犯的医疗具体规定为：

> 牢狱中有染疾病时，都监、小监等应报，遣人视之。不应担保则使住于牢狱净处，视其原罪多寡，病轻重等，应释其枷锁则释之。医人当视之，依其所宜服药就医。应担保则担保，于司外医病，愈时当依法推问。
>
> 前述囚之各应用，当分别于邻近官之罚贿中支出。①

同时规定：囚人染疾病不医，不依时供给囚食，置诸牢狱不洁净处，及应担保而不担保等，疏忽失误而致囚死时要受到一定的处罚。可见，西夏不但规定了医疗和程序、措施，还对医疗费用支出加以保障。

囚犯的饮食。关于囚犯羁押期间的饮食，唐宋规定，凡有家属者由家属负责供给。无家属者官给囚粮，每人每日二升。二升米的定量，是当时宋代社会的标准口粮，全国各大小监狱每年所支出囚粮汇集起来，为数不少。为加强管理，宁宗嘉定八年(1215)又令各路提刑司设囚粮历两本，颁给所属州军，每月按时填写支领口粮的囚犯姓名，连同禁历"月申提刑司，以备参考"②。西夏对囚犯口粮的规定为：

> 囚无主人及囚中所获取食粮路远，或囚有主人未到来等，一律食粮每日得杂粮一升，当从官粮中出，另为注册。其中囚无主人以外，囚有主人及取食粮路远等，囚主人到来时，依原用若干还之。③

囚犯的基本保障。唐宋与西夏都规定了对囚犯最低的待遇保障。如《宋刑统》规定"狱应铺席焉，夏月至浆水，其囚每月一沐"④。在西夏则规定：

> 枷禁囚处之牢狱当善为之，于空气流处为之天窗，冬季当置草席，蒲席。燃料除自备外，实无力者应给若干。
>
> 狱囚中贫弱，无力为衣，则于冬季依官当借之衣物。其中有重罪应遣为苦役，则法当给。⑤

---

①③⑤　史金波等译《天盛改旧新定律令》，法律出版社，2000年版，第335页。

②　徐松《宋会要辑稿·刑法六》第一百七十册，中华书局，1957年版，第6731页。

④　薛梅卿点校《宋刑统》，法律出版社，1999年版，第535页。

(三) 报囚制度

就是将本司所禁犯人姓名、数量、罪刑以及禁系日期等编造清册，定期向上级主管机关汇报。《旧唐书・职官志》:“凡在京诸司现禁囚，每月二十五以前，本司录其所犯及禁时月日以报刑部。”又载:“太宗又制在京现禁囚，刑部每月一奏。”北宋建立了地方向中央的报囚制度。《宋史・刑法志》记载，宋太宗时“令诸州十日一具囚帐及所犯罪名、系禁日数以闻，俾刑部专意纠举”①。西夏的规定为“一个月一番报于经略”②。

三、狱官、囚人

(一) 狱官

(1) 狱官的涵义。狭义的狱官，是负责监狱管理具体事务的官吏，如狱丞、典狱、司狱、提牢和禁卒等，即所谓“狱吏”之类。他们地位卑贱，一向为世人所轻。广义的狱官，包括各级监狱管理机关的长官，这些人对所属监狱不仅有统辖权，而且也有管理权，但以行使统辖权为主，同时又兼具有行政和司法等其他职权。在西夏则为司承旨、司判、都监、小监等。

(2) 狱官失囚。凡是囚人从狱中逃跑即失囚，对典狱官吏要区分不觉与故纵等情节，分别予以论处。如《唐律疏议・捕亡》规定:主守不觉失囚的，减所逃囚罪二等;如果是囚人拒捍逃走的，又减囚罪二等。皆给予一百日追捕期限。监当之官，各减主守三等治罪。如果是故纵囚逃跑的，则不给捕限，即以囚人之罪判处。③西夏对于狱官“失囚”的规定，在《天盛律令》卷九中分为五种情况:

一，

> 取贿而放有罪人，及受贿未放，未受贿无心失误而失之等。④

对于这一类的过错，《天盛律令》给了三个月找回有罪人的宽限期。要是三个月内未找回，则按照与有罪人的共犯予以处罚。

二，

> 都监等受贿，放自短期劳役至死罪者时。⑤

---

① 上海社会科学院法学研究所编《宋史刑法志注释》(续集)，群众出版社，1982年版，第30页。
② 史金波等译《天盛改旧新定律令》，法律出版社，2000年版，第336页。
③ 刘俊文点校《唐律疏议》，法律出版社，1999年版，第586—587页。
④ 史金波等译《天盛改旧新定律令》，法律出版社，2000年版，第329页。
⑤ 史金波等译《天盛改旧新定律令》，法律出版社，2000年版，第330页。

在期限内找回则按照有罪人的从犯予以处罚；未找回，则由都监等抵偿。三，

都监等虽于有罪人处受贿，然依律未松懈禁制，疏忽失误而失之，限期内为得，则失死罪及长期徒刑者徒六年，失六年至三年短期徒者徒二年，失二年至六个月徒刑者徒三个月，失获三个月徒刑者十杖。于限期内获有罪人，则失获死罪及长期徒刑者时徒一年，失六年至三年徒刑者时徒三个月，失二年以下者时十三杖。前限期中未获，已判断后方获之者，当依限期中获法减之。[①]

四，

都监等未受贿，无心失误而试有罪人者，限期内寻之不获，则寄名失之者。

则比都监、小监者减一等处罚。

五，对于

失谋逆及死罪，长期徒刑有罪者。[②]

都监、小监、使人等可以三番拷之。对于走失的是短期徒刑的，可以笞三十。[③]

（3）淹滞。古代断狱，都规定有一定的期限，凡逾期不决，或者决而不遣以至留狱的，称为淹滞、淹禁或淹囚等。狱讼淹禁，是古代监狱的一种普遍现象，甚至成为封建狱政无法治愈的痼疾。淹滞改变了监狱管理的性质。囚人毫无期限地被关押于狱，在失去人身自由的同时，又遭受种种折磨痛苦，甚至含冤瘐死，监狱管理由执行狱禁变相成了执行体刑、自由刑和死刑，从而加重了古代监狱管理的残酷与黑暗。《唐律疏议·断狱》规定：徒流罪判决后应送配所而官吏稽留不送者，一日笞三十，三日加一等；过杖一百，十日加一等，罪止徒二年。

（4）瘐死。即囚人因受刑、冻馁和疾病等折磨而致死狱中。西夏有："牢狱内囚犯有病不医，夺取囚之食粮、衣服等而致囚死时，局分大小之罪依以下所定判断。"《天盛律令》卷九还为此分为八条规定。

（5）禁平人。"平人"是与案件毫无干系的无辜者。狱官囚禁平人，要负法律

---

① 史金波等译《天盛改旧新定律令》，法律出版社，2000 年版，第 330—331 页。

②③ 史金波等译《天盛改旧新定律令》，法律出版社，2000 年版，第 331 页。

责任。据《宋史·刑法志》记载:南宋高宗绍兴九年,雷州海贼两狱,并系平人七人,内五人已死,诏本路提刑以下处以重罚。[①] 这还限于临时措施,没有明确的处罚标准。《天盛律令》中有明文规定:

无罪而谓之有罪,未传唤而谓之已传唤,打拷恐吓,使自杀时,比殴打争斗相杀罪减一等。上吊、自刎而未死,则恐吓者徒三年。[②]

在封建社会里,长官的意志决定一切,故禁平人的现象在古代监狱管理中根本不可能杜绝。

(6) 与囚禁物。古代监狱管理,严禁囚人携带"禁物"入狱。《唐律疏议·断狱》规定:"诸以金刃及他物,可以自杀及解脱,而与囚者,杖一百;若以故逃亡及自伤、伤人者,徒一年;自杀、杀人者,徒二年;若囚本犯流罪以上,因得逃亡,虽无伤杀,亦准此。"[③]《宋刑统》中"与囚金刃等令自杀及得解脱者门"与唐律的规定一字不差,完全相同。《天盛律令》的规定为:

若因以他事骗求刀、铁棍、毁身用具、绳索等,不许与之。若违律予之时,未用以毁身者十三杖,已上吊,自刎而未亡徒一年,死则徒二年。予者是他人,亦同之。寄名、都监、小监等已见而未取之,罪与予者同。若去狱囚之手枷,使随意在,狱囚自搜寻刀,铁棍,他器等致上吊,自刎死与不死之罪状法判断。[④]

可见,西夏这方面的规定远胜于宋,宋只是照抄唐律,而西夏不拘于唐律,且细密程度是唐律所不及。

(7) 教囚反异。即导引囚人翻案,或为囚人递传言语,使其变乱事节的行为。《唐律疏议·断狱》:"诸主守受囚财物,导令翻异,及与通传言语,有所增减者,以枉法论,十五匹加役流,三十匹绞;脏轻及不受财者,减故出入人罪一等。无所增减者,以枉法论。"[⑤]《宋刑统》"受囚财物教导令翻异门"的规定,前与唐律一字不差,只是最后一句唐律为"无所增减者,以枉法论",《宋刑统》则是"无所增减者,笞五十"[⑥]。而西夏《天盛律令》的规定为:

---

① 上海社会科学院法学研究所编《宋史刑法志注释》(续集),群众出版社,1982 年版,第 34 页。
② 史金波等译《天盛改旧新定律令》,法律出版社,2000 年版,第 325 页。
③ 刘俊文点校《唐律疏议》,法律出版社,1999 年版,第 586 页。
④ 史金波等译《天盛改旧新定律令》,法律出版社,2000 年版,第 328 页。
⑤ 刘俊文点校《唐律疏议》,法律出版社,1999 年版,第 589 页。
⑥ 薛梅卿点校《宋刑统》,法律出版社,1999 年版,第 534 页。

牢狱内囚监中，职管都监，小监等教有罪人方便语而使增减罪时，判断已至，则于有罪人所有种种罪中所教之方便语。与种种罪相抵，判断未至则减一等，是他人则比都监、小监之罪情依次再减一等。语未教而使其遇他人而言之者，监者、小监等徒六个月，余人徒三个月。若使其遇他人时，彼使其通公事，则依前比较语而使罪增减之罪状依次减二等。受贿者与枉法贪赃罪及前有罪比较，徒其重者判断。①

可见《天盛律令》的规定，更加详细，并轻重有序。

(二) 囚人

(1) 囚人的涵义。古代的囚人，以被告人或今之犯罪嫌疑人为主，同时还有原告、证人等人在内。在这些人当中，除部分已决犯外，其他在法律上本是无罪之人，但却把他们视同犯人，待遇上并无严格区别。西夏也是一样。因此，唐宋及西夏的律令中的所谓囚人，是指全部被囚禁者而言的。

(2) 囚人的一般情况。在唐宋及西夏时期，囚人不少是无辜者。那时每有一案发生，则将一切有关人等统统予以囚禁，以备随时提讯。以致囚人之中，多有枉禁无辜者。《旧唐书・刑法志》载陈子昂上书："顷年以来，伏见诸方告密，囚累百千辈，……及其究竟，百无一实。……一人被告，百人满狱，使者推捕，冠盖如市。"②这一情况在整个封建社会具有一定的典型性。

其次，囚人受混合刑。囚人不论有罪无罪，一旦被禁入狱，则混同关押，受同样对待，身遭种种虐待和刑罚：拘系囹圄，受自由刑；拷讯毒打，受身体刑；家属连坐，受族刑；家财籍没，受财产刑。此外，还有狱吏的各种刁难和折磨。因此，唐宋、西夏的监狱管理在执行狱禁的同时，实际上等于对囚人执行了残酷的混合刑。最后，囚人被剥夺人格。古代统治阶级虽然嘴上讲"悯囚恤刑"，但实际上囚人却无法摆脱被惩办和被凌辱的地位。特别是负责监狱管理的贪官污吏，根本不把囚人当人看待。正如《天盛律令》卷九中的规定：当事人被拷打而死，未有异意，杖数未超，则不治罪，就是超过杖数，囚人被打死，也只是徒两年。③ 此卷中随处可见，狱吏恐吓、残虐、受贿、夺取囚人衣食等等条目，不难想象，进入这样的监狱，其结果大都是"备注痛楚，十不一生"。

(3) 囚人的法律地位。关于囚人法律地位的具体内容和规定，从前文的论述中我们已经有所认识。现加以归类、细化：

1. 申诉权。秦汉三国两晋南北朝时期称犯人申诉为"乞鞫"。唐朝有与"乞鞫"类似的"取囚服辩"制度，"诸狱结竟，徒以上，各呼囚及其家属，具告罪名，仍取囚服

① 史金波等译《天盛改旧新定律令》，法律出版社，2000年版，第331—332页。

② 刘昫《旧唐书・刑法志》卷五十，中华书局，1975年版，第2145—2146页。

③ 史金波等译《天盛改旧新定律令》，法律出版社，2000年版，第326—327页。

辩。若不服者,听其自理,更为详审"[①]。《天盛律令》申诉权的规定为:官司判后,

若有罪人谓不服,派儿子、兄弟,令陈告者由应当问者行问。若有罪人不肯,儿子、兄弟自告,则不许取状推问。[②]

可见,西夏的申诉权完全依有罪人自己的意思判断是否申诉。

2. 不得告举他事。他人所犯,与已毫无关涉者为"他事"。《唐律疏议·断狱》规定:诸被囚禁,不得告举他事。其为狱官酷己者,听之。[③] 但是在《天盛律令》卷九中,并没有找到与唐律相似的规定,相反在《天盛律令》卷十三"许举不许举门"中却有:

诸人自身有罪,已为诉讼推问中,由另举他人之种种罪,告状而求以功抵罪者时,举报自叛逃以上三种事则允许取状问之,为实时功罪可抵,其中另因十恶、五逆及盗语等而告之,日彼已犯罪过,告举状来时,当取状推问,勿入功罪相抵中,依边等法当得举赏。[④]

看来,《天盛律令》敢于扬弃唐律中的一些规定,从此条来看,《天盛律令》的规定更近于现代的司法精神,而在当时这种创举是十分可贵的。

3. 脱逃重罚。西周对于不能改过而私出圜土的犯人处以死刑。唐律规定:囚人拒捍官司而逃跑的,流二千里;伤人者,加役流;杀人者,斩,从者绞。如果私窃逃亡,一日笞四十,三日加一等;过杖一百,五日加一等;五十九日流三千里。[⑤]《天盛律令》规定:"诸有罪人,在拘系时,不许越出牢狱及已脱罪未判逃避于外。倘若违律时,于前有罪上加一等。"同时,《天盛律令》上还规定:

为他人强行救拔出监者,造意者斩,从犯绞;盗取有罪人,与有罪人同样判断。[⑥]

四、疏狱制度

监狱管理基本秩序和正常狱禁状态的形成、调整与维持,依赖于一定的疏狱机

① 刘俊文点校《唐律疏议》,法律出版社,1999 年版,第 609 页。
② 史金波等译《天盛改旧新定律令》,法律出版社,2000 年版,第 337—338 页。
③ 刘俊文点校《唐律疏议》,法律出版社,1999 年版,第 596 页。
④ 史金波等译《天盛改旧新定律令》,法律出版社,2000 年版,第 452 页。
⑤ 刘俊文点校《唐律疏议》,法律出版社,1999 年版,第 566—567 页。
⑥ 史金波等译《天盛改旧新定律令》,法律出版社,2000 年版,第 328 页。

制，而产生疏狱机制的则是疏狱制度。所谓疏狱制度，即能够产生使监狱疏导畅通机制的制度，抛开疏狱机制这一点，它们虽然和狱政有关，但却是各不相同的法律制度。

（一）断狱

对唐宋、西夏监狱管理来说，断狱是最重要的疏狱制度，而这一制度中最具有疏狱意义的是关于断狱程限的规定。唐宪宗敕："刑部大理寺决断系囚，过为淹迟，是长奸幸。自今已后，大理寺检断，不得过二十日，刑部复下，不得过十日。"①《天盛律令》对于断狱期限的规定为：

> 诸司问公事限期：死刑，长期徒刑等四十日，获劳役者二十日，其余大小公事十日期间毕判断。②

以上关于断狱程限的规定，虽然带有文牍主义和形式主义的缺陷，并且也不可能被各承审机关严格遵守，但作为断狱制度的一项基本内容，其产生的疏狱机制则不可低估。

（二）热审

《礼记·月令》："孟夏之月，断薄刑，决小罪，出轻系。"实即成为执审的开端。唐宋两朝，皇帝经常于盛夏颁布疏理狱囚的诏命，使热审成为一种常行的制度。唐高宗曾诏曰："今年以后，每到夏至以后，立秋以前，犯罪人就州府常条中亦宜量与矜减，速为疏理，不得久令禁系。委御史台切如纠察，永为常式。"③宋仁宗也曾下诏："方盛夏长养之时，有司其蠲烦狱，出轻系，以奉顺天时。"④这些都说明热审至少已经有了很久的发展史。西夏的规定为：

> 冬夏两季甚冷热时，中书、经略司等局分处当过问，各自所属之囚，当遣堪任局分人推求，未服完者，应予限期，应担保则当令担保，应判断则当判断。⑤

（三）录囚

考之史载，所谓录囚，就是清理狱囚。其内容广泛而不固定，主要是在讯察囚徒的基础上，平反冤狱，纠正错案，督办未决，惩治不法，以及施行宽赦等。因此录

---

① 刘昫《旧唐书·刑法志》，中华书局，1975 年版，第 2152 页。

② 史金波等译《天盛改旧新定律令》，法律出版社，2000 年版，第 324 页。

③ 宋敏求《唐大诏令集》卷八十二，商务印书馆，1959 年版，第 475 页。

④ 宋绶、宋敏求《宋大诏令集》卷二〇二，中华书局，1962 年版，第 751 页。

⑤ 史金波等译《天盛改旧新定律令》，法律出版社，2000 年版，第 337 页。

囚对监狱管理具有全面调节的机制。自汉以后，中央和地方长官定期录囚，迄无中断，直到明清。明清代之以“审录”、“大审”等具有录囚性质的制度。此制度，在唐宋、西夏史籍中多有记载。

(四) 赦宥

古代赦宥名目繁多，有赦、大赦、曲赦、特赦、德音等称谓，其中大赦是效力及于全国的赦宥，多在封建王朝遇到重大变革或吉祥喜庆等情形时实行。它对于一定时期内的犯罪，除有但书之限制外，不问罪刑轻重，均予以赦免，是封建帝王经常采用的一种赦宥形式。根据徐式圭《中国大赦考》的统计，自秦统一至明灭亡的1864年间，共大赦1003次，平均不到二年就大赦一次。这样次数频繁的大赦，即使没有其他赦宥形式的补充，也足以对封建社会的监狱管理产生强大而持续的疏导调节机制。西夏也实行赦宥：

> 有死罪不应担保中，遇赦者当允许担保。[①]

可见，赦宥在西夏已广泛存在。

(五) 监察

监察主要是通过纠举各种违法行为来实现对监狱管理的调节疏导。《新唐书·刑法志》：“刑部岁以正月遣使巡复，所至，阅狱囚杻校、粮饷，治不如法者。”宋真宗初，置纠察在京刑狱司，专职纠察京师各处监狱，如有冤枉，或狱囚淹滞，分别奏上，请予纠正。地方狱政监察则由诸路提点刑狱公事负责。《宋史·职官二》：“提点刑狱公事，常察所部之狱讼而平其曲直。所至，审问囚徒，详复案牍，凡禁系淹延而不决，盗窃逋窜而不获，皆劾以闻。”西夏《天盛律令》也有这样的监察制度：

> 边中诸司都巡检等处现拘囚中，有以枉法、稽缓、受贿、徇情而遣放之等，所属刺史人当每十日一番审视推察之，当登记于板薄上。如其有枉法等，则属司应再予之期限则予之期限，一个月一番报于经略，不隶属经略者当报中书，中书局分当行板簿。有伪名，因管处之罪状语当有，入册，返诉当予之。刺史人当催之，于律令限期内判断，推问当令完毕。全都完毕，返诉告状来时，当于板薄上告晓。[②]

通过以上对唐宋及西夏的比较，我们会发现西夏对狱政管理给予了比唐宋律令更多的重视。比如对刑具枷、锁、杖的规格及使用都作了明确的规定，对于给囚看病、保证口粮以及相关费用如何抵充均具明文，甚至对病囚治疗有误，狱官也要

---

① 史金波等译《天盛改旧新定律令》，法律出版社，2000年版，第343页。
② 史金波等译《天盛改旧新定律令》，法律出版社，2000年版，第336页。

据所犯轻重决断。如致囚身亡，狱官更要严惩。而在审判方面，也增加了许多新内容，比如对于拷讯，明确规定所拷杖数和次数。此外，为免影响公正审判，规之“回避制”，有亲故或有仇嫌者当回避，以免借机报复。而对狱断，须“三度断结”，“如有异同，即移司别勘”。应当说，这些新的司法审判与狱政管理方面的法条，与唐宋律相比，显示出了较大的进步性。它对于避免冤狱、保持司法公正及改良狱政都有不可忽视的积极作用。这些措施，的确反映出西夏统治者既善于吸收中原先进的法律制度又能够打破原有的局限，敢于创新的法制观。但其背后有着深刻的社会原因。纵观西夏所处的历史时期，兵祸不断，局势动荡，历任统治者大都严刑峻罚，以刑杀为威，以求自身统治的长久稳固，而司法审判中，拷掠无度，禁徊逾时，甚至草菅人命，几乎成为普遍现象，“淹滞”成为五代各朝的痼疾，各朝均禁之，却越禁越严重。在这种形势下，期望有所作为的西夏统治者为了收揽人心和长治久安，必然要对这些突出问题加以重视，力纠陈弊，以期不蹈覆辙。当然，《天盛律令》制订者的这种纠前代之弊、追求司法公正和提高司法效率的努力，无疑是顺应历史潮流之举。

第八章　法医制度

法医性质的检验工作已有悠久的历史，早在秦代的法律条文中，就有记载他杀、缢死、外伤流产、麻风病等的检验案例。汉代蔡邕解释法学中的受伤时说："皮曰伤、肉曰创、骨曰折、骨肉皆绝曰断。言民斗辩而不死者，当以伤、创、折、断、深浅、大小正其罪之轻重。"①秦汉以后，法医学更有了长足的发展。西夏的法医学已处于世界领先地位。本章就是以西夏法典《天盛律令》中有关法医学的法律规定为剖析对象，旨在说明西夏法典中有关法医学的基本情况。

一、法医学内容

(一) 死亡

现代法医学的重要任务之一就是阐明案件中被害人伤亡的原因。中国古代的法典亦对死亡有着严格的界定。人的死亡分类有许多种，在法医学上根据死亡性质的不同，概括为非暴力死（包括老死和病死）与暴力死两大类。西夏《天盛律令》中以暴力死为主要内容，详细记载了杀害手段及方法。在律令中涉及的死亡有：殴死、刀刃杀死、木铁器致死、踢伤致死、自缢、被勒死、溺水死、溺井死、焚死、汤泼死、中毒死等等。如《天盛律令》"为不道门"规定：

> 妄杀一门下无罪三人，及杀一门一二人使根断，或杀不同家门四人，及故意谋杀中或投毒药，或杀时砍肢节及手足，或烧或以枪刀剑刺杀，如此杀法不同有多种，难以一一指出，如此苦难令人不忍入目而杀害等，一律不论主从皆以剑斩。②

只在这一个法条中涉及的死亡就有毒死、肢解、烧死、铁器致死等多种死亡。

(二) 伤

伤常常与亡连系在一起，所以在西夏的法典中对伤的界定十分详细。在《天盛律令》中规定：

---

① 郑钟璇著《法医学》，法律出版社，1982 年版，第 7 页。

② 史金波等译《天盛改旧新定律令》，法律出版社，2000 年版，第 119 页。

诸人相恨故意行时，伤及杀二种罪情，按以下所定判断：故意伤人时，有意行、已议未往，及已往未动手、已动手未出伤痕者等，一律当算，此外伤时虽伤势轻重不同，但因伤势难分高低，其罪情当相同，已动手已出伤痕，则应算为伤。[①]

在“相伤门”中对伤人的规定为：

诸人女、子、妻子、媳、使军、奴仆等与父母、丈夫、头监等言语不和而被打时，失误动手而伤眼、断耳鼻、伤手脚、断筋等，有官罚马一，庶人十三杖，若死则徒六个月。其中以刀剑伤眼、伤断耳鼻、伤手脚、断筋等，有官罚马一，庶人十三杖，若死则徒六个月。其中以刀剑伤眼、伤断耳、鼻、脚、手、断筋及致被死等之罪，依下条所定判断。

使军、奴仆之眼、耳、鼻、脚、手指等中伤断一而非二时，徒五年。脚端、手端等中伤断一节，断筋等时，徒八年。致彼死则徒十年。

妻子、女、子、媳等眼、耳、鼻、脚、手指等中，伤断一二节时，徒四年。脚端、手端等中伤断一节及断筋等时，徒五年。二眼，二足、二手双双伤断及断筋等时，徒六年。致彼死则徒八年。

诸人愤怒，拔弓箭、刀、剑相对，未动者徒一年，已动未著则徒三年，已著无伤则徒五年，已伤已致跛残则徒六年。并与第十四卷殴打争斗中成重伤罪情比，从其重者判断。其伤死时当绞杀。[②]

从以上我们可以看出，西夏将伤分为重伤与轻伤二种，并根据所伤程度的轻重予以不同的刑罚。可惜的是有关“相伤门”的部分法条已佚，不能使我们细致分析西夏“伤”的法定条款，但即使这样，我们通过以上部分已对西夏法定“伤”有了大致的了解。

(三) 病

在《天盛律令》中，法律明确了一些病症，可给予减轻刑罚。律令规定：

老年七十岁至八十岁，幼年十一岁至十四岁，及有聋、哑、侏儒、腰折、手脚缺一肢等病者，独自犯罪以及引导多人为造意，则当减一等，从犯减二等。重犯两次依法判断。老年八十岁以上至九十岁，幼年七岁至十岁，及长恶疮，有疯癫、手足中缺二肢，盲二目等重病者，独自犯罪以及引导多

---

① 史金波等译《天盛改旧新定律令》，法律出版社，2000 年版，第 120 页。

② 史金波等译《天盛改旧新定律令》，法律出版社，2000 年版，第 296—297 页。

人犯罪中，是造意则减二等，是从犯则当减三等，重犯三次时，依法判断。[①]

对于有以上病症的人，《天盛律令》规定可以赎罪。律令规定：

前述老幼者、重病等之罪已减以后，而须服多少劳役数，能赎则赎，按五日交一斤铁算。若确实不能赎，有担保只关者，则当全减。犯两次、三次依法判断。[②]

同时律令还规定：

若年幼未及壮以及染重病时犯罪，后长大、病愈时原犯罪事发，又未染重病以及人健壮时犯罪，已至老年，已染重病时事发，一律依前老幼重病减罪法施行。其中长大、病愈人应得所派劳役多少，依壮人法承受前往。[③]

(四) 年龄

年龄在《天盛律令》中是构成刑罚的一个要件。在律令中把犯罪人的年龄化分成三个阶段，即完全刑事责任年龄(受完全的刑罚)；限制责任年龄(受相对的刑罚)；无刑事责任年龄(不受刑罚处罚)。律令规定：

诸人老年至九十以上，年幼七岁以下者，有一种谋逆，当依时节奏告实行。其他犯各种罪，一律勿治。有教恶者则当承其罪。此外，老年七十岁以上至九十岁，幼年七岁以上至十四岁，及其他有重病等，谋逆、故意杀人、群盗、强盗等当依法承罪。此外，犯各种罪者，依年龄、病轻重减免法，按以下所定实行。[④]

对于七十岁至八十岁，幼年十一岁至十四岁的主犯减一等，从犯减二等；对于八十岁至九十岁，幼年七岁至十岁主犯减二等，从犯减三等处罚。

(五) 精神状态

在西夏《天盛律令》中可以看出，犯罪人即使达到负刑事责任的年龄，如果存在精神障碍，尤其是存在精神病性的精神障碍，则在刑罚上给予减轻的处罚。

如律令规定：

---

①②④ 史金波等译《天盛改旧新定律令》，法律出版社，2000年版，第150页。

③ 史金波等译《天盛改旧新定律令》，法律出版社，2000年版，第151页。

说讲谋逆语者中，若酒醉，若有疯癫，众民共知，有可信见，则当依时节奏告实行。①

另外在“妄劫他人畜驮骑门”中规定：

诸人酒醉任意相□持拿禽畜、物，酒醒后还回，及知持拿，自取时酒醉，因持物往行，□□酒醉时，当经附近巡检、迁溜、诸司等，向属者只关，不允旁人告举、接状。若违律时，告者、接状者有官罚马一，庶人十三杖。若酒已醒，不告隐匿，不还与属者，按假托酒醉盗持畜物，依平时偷盗、强盗程度如何，以持盗法判断。②

二、法医学的具体运用

西夏的司法官运用法医学知识，并在刑案中以验、看、问、阅为主要方式，去伪存真，去粗取精，弄清刑案的症结，结予准确的定案与刑罚。

(一) 验

这是一种通过检验来弄清真情的方法。西夏司法官经常使用这一方法。让事实来说话，很具有说服力。而且这种检验公开进行，当事人亦在场，从而迅速结案。如《天盛律令》中规定：

诸人丁壮目盲、耳聋、躄挛、病弱等者，本人当于大人面前验校，医人当看检，是实，则可使请只关、担保者，应入转弱中。③

(二) 看

这是通过观察来发现真情的方法。西夏的医人广泛使用这一方法，在看中发现蛛丝马迹。如《天盛律令》中有：

诸人上吊、断喉、自投水火中，或避自身有罪，或与他人妻淫乱已分离欲分离，心存死意而未鲜洁，以及待命中有执职位等当革，官职革去有苦役，则不须依待命减，可以官当。待命者入辅主中，一律不许出入内宫。若思另有异疑，无□□、疾病、癫狂、酒醉，不自主上吊、断喉、自投水中者，待命职位等不革，先昔内宫出入暂勿住留。后谓疾病已愈，则当于职管处

① 史金波等译《天盛改旧新定律令》，法律出版社，2000 年版，第 113 页。
② 史金波等译《天盛改旧新定律令》，法律出版社，2000 年版，第 171 页。
③ 史金波等译《天盛改旧新定律令》，法律出版社，2000 年版，第 262 页。

来状，医人看视。疾病实愈，病根已绝，则依前法，可不可出入内宫中，依时节举奏实行。其中出入内宫时，先有疾病重犯不止，而后病根未绝，未为实愈，有所疑等，一律不许出入内宫。[1]

(三) 问

这是一种通过提问来发现案情，弄清真情的方法。在《天盛律令》中有：

前述人中，因犯十恶及杂罪中得死罪而已拘缚之人有疾病、恶疮，孕子等，不许担保。当使住牢狱净处，遣人持奉，有疾病、恶疮、孕子等当治之，一面分析寻问当事人。自长期徒刑以下至短期者，有疾病、恶疮、妇人孕子生产日已明，则遣人视之。妇人生产月日是否属实，当问所知，是实则当令只关，暂接担保，疾病恶疮愈，产子一个月后再当推问，若非实，为知证者因未得仔细视之，有官罚马一，庶人十三杖。[2]

(四) 阅

这是一种通过查阅案卷来发现情况、弄清真情的办法。在《天盛律令》中规定了保证认定犯罪人的各种情况，审判衙门除了专门负责讯问的案头、司吏等官吏外，另设一个“律案检”。所有审判的案件，经审问后留有空白处，经主管官员审阅，这其中也包括对犯罪人年龄、疾病、精神状况的核定。再由律案检在法典中找出相应的条文，用红字写于空白处，作为量刑的依据。如果负责审问的官吏定罪有误或引用法条有误，要依法承担相应的刑事责任。[3]

西夏的司法官就是通过以上验、看、问、阅等一些方法，运用法医学知识，处理了许许多多刑案，为维护西夏的法制建设起到了一定的作用。

三、法医学的特点

西夏司法官能够重视运用法医学知识，是与法医学在西夏法典中所体现出来的法制特点分不开的，其中包括以下几点：

(一) 使法医学相关内容法律化

西夏把医学中的有些内容法律化，规定在法典中，司法官应严格依法施行。如对犯罪人年龄、对疾病、对伤害范围、伤害程度的认定等等，这些法制化的法医学内容，规范了司法官的检查行为，直接有利于法医学检验活动的正常开展，避免或减少了误检、错检，为当时刑案的审理提供了可靠的检验依据。另外，西夏政府机构

---

① 史金波等译《天盛改旧新定律令》，法律出版社，2000 年版，第 295 页。

② 史金波等译《天盛改旧新定律令》，法律出版社，2000 年版，第 335—336 页。

③ 史金波等译《天盛改旧新定律令》，法律出版社，2000 年版，第 322 页。

中设有医人院，属上次中下末五等行政级别中的中等司，是全国最高医疗机构，说明西夏法典中的医人社会地位不低。

（二）检验人员刑事责任的法律化

西夏法典还规范检验人员的检验行为，违反者要被追究法律责任。如《天盛律令》规定：因人染病不医，不依时供给囚食，置诸牢狱不洁净处，及应担保而不担保等，疏忽失误而致囚死时处一年至五年的刑罚。另外，

> 若推问毕而已为之判断时，当令视有疾病、恶疮者及孕子妇人，言是实，则疾病既愈及妇人已产之一个月然后判断。若违律先行判断者，其致死时徒三年，落胎儿则徒二年，未致者有官罚马一，庶人十三杖。①

以上检验人员检验责任的法律化，有助于增强他们的检验责任意识，打击违反检验责任的人员，保证检验的依法进行，提高检验的质量和水平。

（三）司法官广泛运用法医学进行检验

检验是获取证据的重要途径。西夏的法医检验制度与检验技术都有许多超过前代之处。就其法医检验制度而言，包括检验范围、检验程序、检验笔录方面的规定。

检验范围：凡杀伤公事及非理死者死前无近亲在旁两种非正常死亡的情况，必须进行检验，以确定是否因犯罪而致死。奴婢、狱囚、仆人等社会底层人的死亡，除有证据证明是病死者外，也必须进行检验。检验既适用于尸体，也用于活人身体，如伤害罪的检验。对尸体的检验要弄清是他杀还是自缢、投水、病死等死亡原因。②

检验程序：检验一般须经过报检、初检、复检三个程序。一旦发生杀伤案件，地邻等有义务向官府报检。官府接到报检后，召集死者家属等干连人在场，进行初检。初检后还要进行复检，是对初检的监督和检察。所以，复检官必须是与初检人员无关的上级人员或相邻州县人员。③

检验要求：检验必须作笔录，西夏法律有检验笔录、验状、检验格式等规定。验状填写完毕后，要及时申报主管机关，不得延误。检验格式的内容包括检验工作的每一个环节，目的在于约束承办官员尽心职事，防止拖延、推避及徇私舞弊。

四、法医学所反映出的法律思想

西夏法医学反映出了鲜明的法律思想，归纳起来西夏法医学主要反映了以下法律思想。

---

① 史金波等译《天盛改旧新定律令》，法律出版社，2000 年版，第 322 页。
② 史金波等译《天盛改旧新定律令》，法律出版社，2000 年版，第 388—390 页。
③ 史金波等译《天盛改旧新定律令》，法律出版社，2000 年版，第 341—342 页。

(一) 慎刑慎狱的法律思想

西夏法律思想的形成与确定,处于中华法系法律思想基本定型时期,即基本形成为儒家法律思想体系。这一时期儒家法律思想在西夏处于主导地位。① 儒家的"慎刑"、"慎狱"思想对西夏法医学的影响很大。如《天盛律令》中就反映了这种慎刑、慎狱思想。在律令"行狱杖门"中有:

> 牢狱中有染病时,都监、小监等应报,遣人视之。不应担保则使住于牢狱净处,视其原罪多寡、病轻重等,应释其枷锁则释之,医人当视之,依其所宜服药就医。应担保则担保,于司外医病,愈时当依法推问。②

以上条文正体现了儒家慎刑、慎狱的思想。同时也保证断案审判不冤不枉。

(二) 礼法并用的法律思想

这里主要体现孔子的"为政在人"。《唐律疏议》的"德礼为政教之本,刑罚为政教之用"的法律格言,即重视官吏职业道德,把法律强制与德礼教化结合起来。西夏《天盛律令》在吸收《唐律疏议》与《宋刑统》时,把两律的检验制度、检验人员失职罚则等内容以及检验的注意事项加以吸收。要求官吏要亲自检验,同时强调检验要真实,对检验官的违法行为予以处罚等都是这一法律思想的体现。

(三) 重证据,直理刑正的法律思想

晋代张斐首先提出"重证据,直理刑正"的观点。张斐说:"夫刑者,司理之官;理者,求情之机;情者心神之使……论罪务本其心,审其情,精其事,近取诸身,远取诸物,然后可以正刑。"③这就是重实据,不轻信口供,重事实,依理断案的法律思想。后经唐宋律的确定,被西夏所吸收。《天盛律令》中的法医学也明确体现出了这种法律思想。如:

> 诸人殴打争斗。未相伤,无痕迹者,先下手十杖,后下手八杖。诸有官无官人往共戏,彼此无心失误,致瞎目、折手足、折牙齿、裂唇、豁鼻等时,予之牛羊二,庶人十三仗,有官罚马一。诸人斗殴中无死有伤,现痕迹,不合眇目、折手足种种,先下手殴人,则当依法承罪。后下手者既出手争斗,则当比前罪减一等。
>
> 目、足、手原已废其一,后全部毁废所余者,与双双毁伤同罪判断。目、耳、鼻、足、手毁伤中,日限内废人死,则依斗殴相杀法判断,后平复不

① 其观点见姜歆《西夏法律思想定型化初探》,载《固原师专学报》,2004年第2期。

② 史金波等译《天盛改旧新定律令》,法律出版社,2000年版,第335页。

③ 陈康颐《中国古代法医学检验》,载《法医学杂志》,1985年创刊号。

废，则依折毁牙齿等法判断。平复与前不同，则当比前实毁伤罪减一等。[①]

以上针对被害人伤情不同而细致规定罪犯不同刑罚的条文，正是重其实审其情的法律思想的反映。

五、法医学的学术价值

（一）西夏的法医学是其刑法发达程度的体现

法医学与刑法的关系特别密切，刑法中的一些相关内容需由法医学来帮助界定。古代法医学又主要为刑法服务，发达的刑法必然伴随有发达的法医学。事实也是如此。如果没有法医学为基础，西夏刑法中关于“斗殴人”、“以剑刃斫射人”、“肌体损伤”等犯罪和相关罪名是无法被制定和实施的。

发达的刑法需要有发达的法医学。可以想象，如果西夏没有发达的法医学，西夏的司法官怎么可能运用这一知识去侦破、审理刑案呢？法医学的价值在它的理论，这种理论既是实践的总结，又高于实践。从现有的西夏法律资料可以看到，西夏法医学理论和法医学运用等，都说明了西夏的法医学成就已初具规模。

虽然中国法医学在南宋宋慈的《洗冤集录》中达到了当时世界的最高水平，但在《洗冤集录》成书之前，能在法典中大量制定法医学条文的西夏法典，更显示出其发达性。这为我们今天研究西夏的法医学成就，乃至中国古代法典中的法医学提供了真实、可供参考的宝贵资料。

（二）西夏的法医学反映出了当时自然科学的发展情况

法医学是一门边缘科学，与自然科学的关系非常密切。中国古代的自然科学在相当长的时间内，一直非常发达，唐、宋之际已遥遥领先世界其他国家，这一点在李约瑟的《中国科学技术史》中已有定论。发达的自然科学中就包括医学，中国古代医学的某些成就与法医学的发展息息相关。

西夏《天盛律令》中的法医学也说明了当时西夏自然科学的发展情况，这里举两个例子予以说明。

例一，在《天盛律令》中有这样一则条文：

> 诸人有犬染狂病者当拘捕，恶及犬牲畜桀厉显而易见者当置枷。若违律时，庶人十杖，有官罚钱五缗。[②]

这则条文明确告诉我们，犬类染狂病容易使人致病的事实，类似今天的狂犬

---

① 史金波等译《天盛改旧新定律令》，法律出版社，2000 年版，第 481—482 页。

② 史金波等译《天盛改旧新定律令》，法律出版社，2000 年版，第 298 页。

病,而且述及其它牲畜也可导致人传染上疾病的信息。其法条中的"桀厉"二字着实使著者陷入了困境,如果译者无误的话,本文理解当指对被犬咬后或动物传染、身上长癞等症状者当予以关押。① 相当于现在的隔离。这充分说明西夏对于动物导致的传染性疾病的认知与预防措施。

例二,在《天盛律令》中有:

> 诸人斗殴中无死有伤,现痕迹,不合眇目,折手足种种……②

这则法条中的"眇目"是与"瞎目"相对应的一个词。眇(音 miǎo)是指"亏损其明而犹见物"。瞎则"目丧明全不见物"。两者损伤程度不同,所以在律令中量刑轻重也完全不同。从眇与瞎的用语,反映出西夏对于法医学的认识已十分精准,同时也反映出了西夏自然科学发展到了一定高度。

综上所述,就西夏法医学而言,西夏立国之初,医学知识十分匮乏,法医学更无从谈起。但随着西夏社会经济的发展和与周边各国的交流日渐增多,尤其是从中原学来了许多医学知识,促使自身的医学水平突飞猛进。这一点在西夏中期制定《天盛律令》法医学条文时得以体现。另外,中国古代立法中的法医成就也广泛被西夏吸收,成为西夏法医条文的渊源。

其次,西夏法医学条文还表现出很强的等级性。在法典中,社会地位较低的使军、奴仆等造成人轻伤的,要予以重罚,而社会地位高的人造成社会地位低的人重伤的,给予相对减轻的刑罚。从这一点上讲,西夏法医条文的另一功用是确立统治阶级的权威和给予被统治者警示。

西夏法医学是研究西夏医学乃至西夏科技史的一个重要环节。以往由于相关资料缺乏,对这部分的研究不够深入。本章只是就西夏法典《天盛律令》中的法医学加以分析,拟对西夏的法医学状况作初步探讨,以期对西夏法医学有比较明确的认识。

---

① 因《天盛律令》为西夏文法典,后经史金波等先生译注,对于法典中一些词汇的认定首先要基于译注无误的情况下,才能进行分析。就"桀厉"一词本文只能依译者的译注进行分析。桀字在《辞海》中有六种解释,本文取两种,一是指凶暴。二是取"桀犬吠尧"的典故,指像桀所畜养的狗一样,只知道听从主子的命令去咬人,不问谁善谁恶。邹阳《狱中上书自明》"桀之狗可使吠尧"。厉字在《辞海》中分两类解释,第一类共12种解释,本文取第10种解释通"疠",染疫病。第二类解释为通"癞"。《史记·范雎蔡泽列传》:"漆身为厉,披发为狂。"综合二字解释和法条上下文意,本文的解释为"被犬咬后或动物传染,身上长癞等染疾病者"。这种解释是否正确,还有待于进一步的研究,这里只是作为一个问题提出,以期有学之士指导。"桀"字见《辞海》,上海辞书出版社,1987年版,第296页。"厉"字见《辞海》,上海辞书出版社,1987年版,第339页。

② 史金波等译《天盛改旧新定律令》,法律出版社,2000年版,第482页。

第九章　司法官吏的法律责任

法律在实施过程中，不但要求法律本身要设计科学、合理，同时司法人员的法律行为也是至关重要的。他们是操掌法律、明辨是非，确认犯罪与非犯罪，判断适用何种刑罚的权利执行者。但是，要真正做到明察秋毫、判断曲直并非易事。由于司法官吏在诉讼中，难免因对法律的理解是否正确，甚至受各种因素的影响，或故意、或过失地违背法律规定是经常发生的。对此各代统治阶级都在法典中对司法官吏的这类行为加以规范，以防止、减少错误的发生。西夏的统治者亦不例外，西夏在承袭了唐宋司法官吏责任规定的基础上，有所改进与创制。

在这里需要说明一下的是，西夏尚未有司法官吏的精确分类与职事，往往司法官吏与行政官吏是一身兼两职的。本章中的西夏司法官吏是在处理案件时，拥有拘捕、审判、执行、检查等职权人员的统称。

一、违法不受讼和受讼

（一）违法不受讼的法律责任

违法不受讼，是指司法人员因相互推诿、懈怠使本应受理的诉讼未予受理。唐律中明确记载，按法令规定应该受理的诉讼，司法人员应马上受理审判，如果推诿、压制，不予受理，则构成司法人员犯罪行为，处以笞刑五十；如果总计不受理的有四件，处杖刑六十，不受理案件达十件者，处以杖九十为止。[①] 司法人员违法不受诉的法律责任制度自唐定型后，宋朝沿袭之。《宋刑统》卷二十二"告反逆"条规定的内容完全与唐律相同。在西夏的法典中，关于违法不受诉的条文已佚，但《天盛律令》名略中有"应审不审"的条目，可见西夏对此亦有规定。现在只有借助其他条文的内容来分析不受诉的法律责任。《天盛律令》卷九中有这样的规定：

诸司知执圣旨头字者，应如何行……不许懈怠。若违律时，立便□□□□个月期间为懈怠者，依延误罪判断。一个月以上懈怠一番，司吏徒二年，案头徒一年，都案徒六个月，承旨、习判等徒三个月，大人罚马一。懈怠二番，司吏徒三年，案头徒二年，都案徒一年，承旨、习判等徒六个月，

---

① 刘俊文点校《唐律疏议》，法律出版社，1999 年版，第 482 页。

大人罚马二,三番以上一律司吏徒四年,案头徒三年,都案徒二年,承旨、习判等徒一年,大人罚马三。再依□□□节使人遣人于日限期间以内往□□□逾日时分析头字,有……则依一番懈怠法……[①]

可见,西夏司法人员如果推诿、延误案件的办理,则视延误长短予以处罚。

(二) 违法受诉的法律责任

由于西夏法律受中原传统法律文化的影响,在法典中也凸现出鲜明的伦理色彩、集权的专制统治、森严的等级。因此在诉讼方面相应规定了种种限制性措施。如果司法人员受理依法不能受理的诉讼,理所当然构成违法犯罪,要承担法律责任。司法人员违法受理诉讼的法律责任主要有两种:

受理越诉的法律责任。中国古代形成了比较严格的逐级诉讼制度,除了特殊情形外,司法人员不能受理越级起诉,如果受理要负法律责任。唐律规定,"凡诸辞诉,皆从下始。从下至上,令有明文。谓应经县而越向州、府、省之类,其越诉及官司受者,各笞四十"[②]。宋制一同于唐。西夏也有严格的逐级诉讼制度,《天盛律令》规定:

诸有公事而未问显明,此后不许越司另告他处而不告于局分。若违律时,告者、取状者等有官罚马一,庶人十三杖。[③]

受理非公室告的法律责任。此类案件为节亲亲属间相窃,节下不能讼节上,别人也不能代为举告,司法人员亦不可受理。西夏违反此项受讼时,"接状者等有官罚马一,庶人十三杖"[④]。从受理非公室告的情况来看,西夏这方面的规定与唐宋律的作法相同。

二、违法审判

中国古代刑讯制度起源于西周,禁止违法刑讯的制度亦开始于西周。《礼记·月令》载:"仲春之月……命有司图囹圄,去桎梏,月不得刑讯人。"意为要求司法官吏在春季的第二个月不得刑讯人。此后历代都有对刑讯的种种限制。尤其是唐宋以后,不但强调依法刑讯拷问,而且还建立了完善的司法官违法刑讯的责任制度。西夏对唐宋的律文,只是稍加变化,就写入了自己的律令中。

(一) 违法拷讯的法律责任

《唐律疏议·断狱》"讯囚察辞理"引《狱官令》说:司法人员只有在"验诸证信,

---

① 史金波等译《天盛改旧新定律令》,法律出版社,2000年版,第320页。

② 刘俊文点校《唐律疏议》,法律出版社,1999年版,第482页。

③ 史金波等译《天盛改旧新定律令》,法律出版社,2000年版,第337页。

④ 史金波等译《天盛改旧新定律令》,法律出版社,2000年版,第160页。

事状疑似，犹不首实”的情况下，才能“拷掠”，否则，违法拷讯的司法人员要处以“杖六十”的刑罚。[①] 而西夏关于违法拷掠的规定更细于唐律。《天盛律令》规定对“节亲、宰相、诸司大人、承旨、大小臣僚、行监、溜首领等于家因私入牢狱不许置木枷、铁索、行大杖”，否则，对司法人员给予徒一年的处罚；[②]就是对于一般的罪人，也只有在“知有罪人中公事明确而不说实话”时可三番“拷之”。要是“自专”拷打，要受到“有官罚马一，庶人十三杖的处罚”；[③]对于一些有特权的人，大杖要改用细杖，杖法要折为笞法。[④] 同时，明确规定杖、枷、铁索的尺寸和重量，不得乱用刑具。

（二）拷囚过数的法律责任

唐律规定：“诸拷囚不得过三度，数总不得过二百，杖罪以下不过所犯之数……若拷过三度及杖外以他法拷掠者，杖一百；杖数过者，反坐所剩；以故致死者，徒二年。”[⑤]宋律在继承唐律的基础上，至宋孝宗乾道四年(1168)，又颁行笞杖令，规定：“诸拷囚不得过三度，数总不得过二百，杖罪以下不得过所犯之数。拷满不承，取保放之。若拷过三度，及杖外以他法拷掠者，杖一百；杖数过者，反坐所剩；以故致死者，徒二年。”[⑥]西夏《天盛律令》规定：“一番拷可行三种，笞三十，□为，悬木上。彼三番已拷而不实，则当奏报。”[⑦]不许司法人员拷囚杖数超于明定数。如超明定数，对于司法官的处罚为“超出笞三十以内的，有官罚马一，庶人十三杖；笞三十以上至笞六十徒三个月，笞六十以上至笞九十徒六个月，笞九十以上一律徒一年”。同时规定，“于已受问杖番数以外，再令自一番至三番以上屡屡悬木上，已令受苦楚，则依次加一等，受贿则当以枉法贪赃论，从其重者判断”。如果超时，杖致囚死，则司法人员徒二年。[⑧]与唐宋律相比较，西夏的规定更为精细、明确。

（三）对妇女非法拷讯和侵凌的法律责任

《唐律疏议·断狱》“拷决孕妇”条：“诸妇人怀孕，犯罪应拷及决杖笞，若未产而拷决者，杖一百；伤重者，依前人不合捶拷法；产后未满百日而拷决者，减一等。失者，各减二等。”疏议曰：“妇人怀孕，犯罪应拷及决杖笞，皆待产后一百日，然后拷决，若未产而拷及决杖笞者，杖一百。“伤重者，谓伤操之罪，重于杖一百者；”依前人不合捶拷法“谓上条”监临之官，前人不合捶拷者，以斗杀伤论。”若坠胎者，合徒三年。妇人因而致死者，加役流。[⑨] 宋代继承这一制度。西夏在这方面的规定与唐宋律基本相同。此项制度反映出西夏法典中的恤刑原则。即妇女怀孕期间犯罪

---

① 刘俊文点校《唐律疏议》，法律出版社，1999年版，第592页。

② 史金波等译《天盛改旧新定律令》，法律出版社，2000年版，第324页。

③⑧ 史金波等译《天盛改旧新定律令》，法律出版社，2000年版，第327页。

④ 史金波等译《天盛改旧新定律令》，法律出版社，2000年版，第601—602页。

⑤ 刘俊文点校《唐律疏议》，法律出版社，1999年版，第593—594页。

⑥ 薛梅卿点校《宋刑统》，法律出版社，1999年版，第539页。

⑦ 史金波等译《天盛改旧新定律令》，法律出版社，2000年版，第326—327页。

⑨ 刘俊文点校《唐律疏议》，法律出版社，1999年版，第612页。

的可以免戴刑具,暂接担保,等病愈和产子一个月后再当推问,“其中妇女非产月勿受问杖”,如对孕子妇人枉加用刑,其致死则司法官徒三年,胎儿落则徒二年,未出现这样严重的后果,对司法官也要有官罚马一,庶人十三杖等处罚。①

同时《天盛律令》还规定:

> 他人妻子被诉讼而诸司枷禁之,局分大小,都监、小监等侵凌时,徒十年。其中庶人侵凌有官人之妻,官低人侵凌官品大于已者之妻时,徒十二年。是仆隶及市场卖身价女,则徒六个月。②

不但对有地位人的妻子予以保护,就是对于社会地位较低的卖身女及奴婢也要予以保护。

(四)不依律判决的法律责任

唐宋在对司法人员不依律判决时,规定为:“诸判罪,皆须具引律、令、格、式正文,违者笞三十。”③唐代律、令、格、式都是主要的法律表现形式,对司法人员的法律责任分故意与过失。故意出入人罪的处罚为“诸官司入人罪者,若入全罪以全罪论;从轻入重,以所剩论;刑名易者,从笞入杖,从徒入流,亦以所剩论,从笞杖入徒流,从徒流入死罪,亦以全罪论。其出罪者,各加之”④。对于过失出入罪的处罚为“即断罪失于入者,各减三等;失于出者,各减五等。若未决放及放而还获,若囚自死,各听减一等”⑤。相比唐宋律令在这方面的规定而言,西夏引律断罪更加细化和严格。

西夏素来强调成文法典的颁制,也强调成文法的适用。司法官吏办案时,要依据律文来判决。对于司法官吏的判决出错违法,西夏分为三种不同的情况,对司法官吏予以惩处。以下就从这三个方面来论述。

首先,是司法官在未取贿赂、未徇情的情况下,判决错误要受的惩处。对于这方面的处罚分以下几种:

(1)讯问已完,知情人皆已作证,被告人也以认罪,但还是出现了“实话未准而判断有误者,有官罚马一,庶人十三杖”⑥。

(2)讯问完毕,事实已清楚,在适用律令时有误,对于犯十恶中重者轻判的,司分大小致误者要以枉法罪论处;此外对于应判决死罪、长期徒刑、短期徒刑错误加重刑罚的,司法人员要处以比照枉法罪减二等的处罚;以上减轻刑罚的,比照枉法

① 史金波等译《天盛改旧新定律令》,法律出版社,2000年版,第336页。
② 史金波等译《天盛改旧新定律令》,法律出版社,2000年版,第343页。
③ 刘俊文点校《唐律疏议》,法律出版社,1999年版,第602页。
④ 刘俊文点校《唐律疏议》,法律出版社,1999年版,第604—605页。
⑤ 刘俊文点校《唐律疏议》,法律出版社,1999年版,第606页。
⑥ 史金波等译《天盛改旧新定律令》,法律出版社,2000年版,第341页。

罪减三等处罚；但是判决尚未执行的，可以对司法官的处罚再减一等。[①]

(3) 讯问完毕，事实已清楚，判决与律令规定不符，没有依据律令判决的，对于司法人员的罚处为：所判决的刑罚过重时，比照枉法罪减三等处罚；过轻，比照枉法罪减五等惩处。[②]

其次，司法官吏受贿而枉法判决，所应负的法律责任有：

(1) 本无罪而治罪，是杖罪而判劳役，是劳役而判长期徒刑，长期徒刑而判死罪的，对于司法人员的惩处是以枉法定罪的全罪予以惩处。[③] 如枉法判长期徒刑的，对于司法官吏施用长期徒刑。

(2) 杖罪而加杖数，应判劳役而加年数，加重三种长期徒刑、无期徒刑的，司法官吏只承担加重后的刑罚。[④]

(3) 对于不应革职的罪人而革职，应革职而不革职的；对于应黜官而不黜官，不应黜官而黜官的；对于不应黥刑而黥刑，应黥而不黥的，司法官吏承担比枉法罪加一等的惩处。[⑤]

(4) 使应判重罪的犯人减半判决，所减刑罚由司法官吏承担。[⑥]

再次，对于徇情枉判的司法官吏，《天盛律令》规定：

> 若被审与审者本人有隙者，有罪人死则依故意杀人法，不死则比有罪人减一等。[⑦]

(五) 对于司法官吏所施用的贪状罪

西夏对于司法官吏判决有误分为过失与故意。在《天盛律令》卷二中，还专门规定了按贪污受贿数额、对司法官吏施用的独立罪名“贪状罪”：

> 因诸事局分另外人等贿时，其中曲枉勤事，已决断及未决断，亦在文书判凭上或重者轻判，轻者重判，故意曲枉，实明显有可见，及行贿时说“请枉断勤事”受贿者亦说“当为汝枉断”话知证分白，当按枉法贪污论。直接审问时，因说“汝当有错”。已受贿，而于公事上未枉法决断，亦无显见枉法事，当为不枉法受贿。视钱量、罪情，按以下所定判断。[⑧]

对于枉法受贿的，以一百钱至一缗起算，主犯十三杖，从犯十杖；随着受贿数额的增加刑罚也递增，直至四十缗以上一律造意绞杀，从犯十二年。对于不枉法受贿

---

①② 史金波等译《天盛改旧新定律令》，法律出版社，2000 年版，第 341 页。

③④⑤⑥ 史金波等译《天盛改旧新定律令》，法律出版社，2000 年版，第 340 页。

⑦ 史金波等译《天盛改旧新定律令》，法律出版社，2000 年版，第 318 页。

⑧ 史金波等译《天盛改旧新定律令》，法律出版社，2000 年版，第 147 页。

的处罚相比枉法受贿要轻,最重刑为八十缗以上一律造意徒十二年,从犯徒十年。①

(六) 死刑不复奏的法律责任

"复奏"之制是西夏诉讼制度中一项重要制度。司法机关判决死刑前,必须奏请皇帝核准后才能执行,否则司法官构成犯罪,要承担刑事责任。这是西夏"慎刑"的表现,也是为说明对于生死大权的操纵,最后的决定权在西夏的最高统治者。

《天盛律令》规定:

> 诸人原罪虽应获死,但若应赎,若至减罪应减等,依律法不应斩杀时,不奏而作斩杀判断者,局分大小是谁之罪,当与有意杀人罪情相同。
>
> 犯十恶者中依律虽应杀,但不奏擅自杀,及朝廷之有何疑虑未明,先擅自杀时,杀人者不论官,当绞杀。
>
> 诸人因杂罪依律应杀,不奏擅自判断时,庶人当绞杀。②

以上几条说明,西夏复奏制度非常严格,对司法官吏不奏而判死刑或杀的处罚相当严厉。

西夏对上奏的程序也严格规定:

> 有所奏者,允许经局分处奏,不许不经局分处而自贪自奏。若违律无理奏报时徒一年……③

(七) 判写文书不合格应负的法律责任

西夏对于判决书的要求,律令规定:

> 判写文书者,承旨、习判、都案当认真判写,于判写上落日期,大人、承旨、习判等认真当落,不许案头、司吏判写及都案失落日期。若违律时,一律徒六个月,受贿则与枉法贪赃罪从重判断。④

同时还规定:

> 诸人未受贿而误行文书,增有罪人之罪,则当比有罪人减二等,减之

---

① 史金波等译《天盛改旧新定律令》,法律出版社,2000年版,第147—148页。
② 史金波等译《天盛改旧新定律令》,法律出版社,2000年版,第151页。
③ 史金波等译《天盛改旧新定律令》,法律出版社,2000年版,第345页。
④ 史金波等译《天盛改旧新定律令》,法律出版社,2000年版,第322页。

则减三等。判断未至，则依次当再减一等。[①]

三、违法执行判决

(一) 执行黥刑违法的处罚

对于应受到黥刑的罪犯，律令规定：

不黥刺时，局分大小谁定不黥刺者，徒六年，耳後不黥刺时，徒三年，手背不黥时，则当徒一年。有同谋者则录依次减一等。[②]

(二) 擅自去铁枷

被判处服劳役和短期徒刑的犯罪要戴三斤，长期徒刑的罪犯要戴五斤的铁枷。

前述戴铁枷者被头监及主管处他人等去掉铁枷时，不足一年者十三杖，一年至三年者当徒三个月，四年至六年者当徒六个月，三种长期徒刑当徒一年。[③]

(三) 过失使罪犯脱逃

犯罪在执行徒刑期间逃脱的，律令给予三个月的限期。在三个月内未寻得罪犯，脱逃的是死罪及长期徒刑者，司法官要处以徒三年；脱逃六至三年徒刑罪犯的司法官要处以徒一年；失二年以下者十三杖。在三个月内抓回罪犯，脱逃的是死罪及长期徒刑者，司法官要处以徒三个月；其余失有期者十杖。就是对于一般的司法人员也要处罚，律令规定：

都监、小监于限期未获，则失死罪及长期徒刑者徒一年，失短期徒刑者十三杖。失其余者之罪勿治，逾期而获之者，当释前罪。[④]

(四) 受贿放纵罪犯

都监等受贿、私放短期徒刑至死刑的罪犯时，应被枷，在限期内抓到罪犯，都监等则以罪犯的从犯处罚，未抓到罪犯，则都监等替罪犯抵罪。[⑤]

---

① 史金波等译《天盛改旧新定律令》，法律出版社，2000年版，第387页。
② 史金波等译《天盛改旧新定律令》，法律出版社，2000年版，第153页。
③ 史金波等译《天盛改旧新定律令》，法律出版社，2000年版，第157页。
④ 史金波等译《天盛改旧新定律令》，法律出版社，2000年版，第330页。
⑤ 史金波等译《天盛改旧新定律令》，法律出版社，2000年版，第330页。

同时律令还规定了,虽受贿而未松懈禁制,疏忽失误而失之,失死罪及长期徒刑者,限期内未得徒六年,限期内抓获徒一年;失六年至三年短期徒刑的,限期内未得徒二年,限期内抓获徒三个月;失二年至六个月徒刑者,限期内未获徒三个月,抓获十三杖;失三个月徒刑者限期内未获处十杖。[①] 可以说,西夏对于受贿的司法官吏在处罚上是十分严厉的。

四、违法行使检查权

西夏法典对刑案的审判及执行规定了检查制度,其目的在于监督刑案的审判执行,纠正司法官吏的非法行为,其职权近似于现在检查院的检查人员。这些检查人员如不依法办事,同样要受处罚,《天盛律令》卷十专设一门"检视门"以明确"检视者"的法律责任,综合来看,有以下几项:[②]

(一) 官方所派遣检视者,因粗心,检视失职,情节不严重时,有官罚马一,庶人十三杖。

(二) 官方所遣检视者,闻恶事不报,则当抵罪;御前所遣检视者(皇帝派遣者),不讲实话,隐十二年至死罪者当绞杀,隐十二年以下有罪人之罪及不符罪情而增减之,徒十二年。

(三) 虽是御前所遣,御前不问,派人来问时,不讲实话或隐瞒实情时,比照第二项,减一等处罚。

(四) 御前遣检视,并诸司以上谕所遣检视等,于管事处报时,不说实话,隐他人罪者,有二年以下罪及与罪情不符而隐匿若干等时,徒三年;有二年以上罪,则一律比所隐罪依次加一等,但不能处以死刑。诸司所遣比圣旨所遣减一等处罚。

(五) 如因受贿而欺骗官方,比欺骗官方罪加一等与枉法贪赃罪比较,从其重者判断,可处以死刑。

(六) 检视者及御前所遣,因为考虑未至并不是为他人开脱罪责,可比照隐他人罪状减二、三等处罚。应减多少,视具体情节。

纵观西夏对其司法官吏的法律规定,反映出西夏法律的实施,主要是依靠庞大的官僚机构进行执法、司法,专门的司法机构却非常之少,除了中央有一两个算得上专门的司法机构外,地方上各级官府都是行政、司法合一的。而且具体执法、司法的官吏一般而言都不是专业的司法官,这样主要依靠行政进行司法的情况,就使得约束、督导这些司法官吏的法律条文与唐宋律相比,明确而简单易行。

另一方面,为保证西夏社会的长治久安,要求司法人员做到"判讼平正",为保证这一点,西夏制定的对于司法官吏适用的法律责任是精密而严格的,这些法律条文所发挥的作用是不言而喻的。

---

① 史金波等译《天盛改旧新定律令》,法律出版社,2000年版,第330页。

② 史金波等译《天盛改旧新定律令》,法律出版社,2000年版,第400—401页。

第十章　唐宋司法制度对西夏司法制度的影响

一、唐代司法制度对西夏司法制度的影响

在司法制度上，西夏大量继承唐代的有关规定。这可以从两朝的司法机构、告发责任、回避制度等方面的比较中，看得清清楚楚。

（一）司法机关

唐朝实行大理寺、刑部和御史台三机构并存的“三司之制”。大理寺审理中央官吏及京城内徒刑以上的案子，但无最后裁决权，死刑由皇帝批准，徒刑、流刑报刑部复核。刑部负责复核大理寺送来的流刑以下案件以及全国州县上报的徒刑以上案件。全国州县上报的死刑案，须送大理寺复审，并呈皇帝御定。御史台为监察机关，可监督大理寺、刑部的审判。

西夏的司法机关与唐大体相同。《天盛律令》规定：

> 诸人有互相争讼陈告者，推问公事种种已出时，京师当告于中兴府、御史，余之当告于职管处，应取状。其中有谓受枉误者时，于局分都案，司吏争讼者当告于所属司大人，应转争讼处局分人则当转当地大人。若所属司问者于大人、承旨争讼时，当入状于匦匣中，匦匣司人当问告者，如何枉误……然后当使所争讼处来文，当仔细审察文字判写。……依上谕所出实行。①

西夏京师也有三级司法机关：中兴府或御史、诸司职管处、匦匣司。京师的诉讼犯徒刑以上者，都由中兴府与御史审理，这里的匦匣司类似唐朝的大理寺，充当审理、上达下转的角色，地方上一般由边中监军司受理本辖区的案件。另外，各地巡察的御史也有检查、复核地方审判责任。② 但关于获死罪、长期徒刑、黜官、革

---

① 史金波等译《天盛改旧新定律令》，法律出版社，2000 年版，第 338 页。

② 史金波等译《天盛改旧新定律令》，法律出版社，2000 年版，第 338—339 页。

职、军等刑的文书,应奏报中书、枢密,回文来时方可判断。①京师各司审判中获死、无期徒刑"当奏报中书,枢密所管事处,赐予谕文"②。可见,中书、枢密应当是国家最高司法机关。从中央一级司法机构的设置状况可以看出,西夏的司法机构比唐朝的机构精简。

(二)告发责任

根据唐律,子孙对祖父母、父母、外祖父母或妻在夫被人杀害时必须负告发责任。还规定:强盗杀人,被害之家及同伍须告发,当告不告者,一日杖六十;主司不即上言,一日杖八十,三日杖一百。唐律规定同伍保内有犯罪者必须告发,知而不纠者,死罪徒一年,流罪杖一百,徒罪杖七十,其家唯有妇女及男年十六以下者勿论。西夏《天盛律令》规定:亲属卑幼者,使军、奴仆、军士,一般说来可举尊长、主人、上司十恶之罪;子女可举亲属长辈(高祖父、祖父母、父母、庶母等)谋逆、失孝德礼、叛逃罪;此外律令对妻子、儿媳可举公婆、夫及自己大功至期亲罪的限制,不出"十恶"范围。③

唐朝和西夏都严格限制告发,两律都规定,凡告发他人罪行,须提出具体罪状,若讲不出具体罪状,只凭嫌疑,告发者就要受到处罚。如果官吏以嫌疑受理立案,将受到更为严厉的处罚。于是,每有告发,官吏必先告诉告发之人:告发不许虚假,如果以不实之事告发,当以处罚。为倡封建孝道,唐律根据儒家"亲亲得相首匿"原则,限制特定身份人的起诉权。除谋反、叛逆罪外,告祖父母、父母者当以绞刑。《天盛律令》比唐令限制的更严,除谋反、叛逆两罪外增加了"失孝德礼"一罪。④另外,唐规定:告亲尊长,外祖父母、夫、夫之祖父母虽告发属实,但仍处以徒刑二年。《天盛律令》的相关规定是:节亲中有犯罪者,除允许举罪外,他罪允许亲属相隐,大功以上亲不许相告举。违律,节下告节上徒二年以内罪,举者徒二年。可见两律规定相同。

(三)回避制度

根据《唐六典·刑部》:凡鞫狱官与被鞫人有亲属仇嫌者皆听更之。亲属指五服内亲,大功以上结亲之家及授业经师为本郡都督、刺史、县令等之密切关系者。《天盛律令》规定:诸司所寻问之种种公事中,有谓坐司大人,承旨中有亲戚谓我冤枉而诉讼者,有宗姻戚至五服及未至丧服姻亲中第三卷婚姻相盗而因亲戚减一等罪者,则诉讼人应转则转,应转司则当转司,于另无争讼处寻问。谓些以下又有亲戚者不需转司,当依法寻问。⑤ 西夏所指应予回避人员比唐律更为具体。

①④ 史金波等译《天盛改旧新定律令》,法律出版社,2000年版,第317页。

③ 史金波等译《天盛改旧新定律令》,法律出版社,2000年版,第445—446页。

④ 史金波等译《天盛改旧新定律令》,法律出版社,2000年版,第445页。

⑤ 史金波等译《天盛改旧新定律令》,法律出版社,2000年版,第339页。

（四）六杀、六脏

六杀。《唐律疏议・斗讼》中依犯罪人主观意图区分了“六杀”，即所谓：谋杀、故杀、斗杀、误杀、过失杀、戏杀。西夏《天盛律令》区分犯罪人主观意图时与唐律中的六杀基本相同，为：造意杀、有意杀、无心杀、误相杀、打争斗相杀、戏杀。唐律的“谋杀”指预谋杀人；“故杀”指事先虽无预谋，但情急时已有杀人的意念；“斗杀”指在斗殴中出于激愤失手将人杀死；“误杀”指由于种种原因错置了杀人对象；“过失杀”指耳目所不及，思虑所不至；“戏杀”指以力共戏而导致杀人。西夏的六杀认定与上述唐律的规定大体相同。唐律针对六杀规定了不同的处罚，西夏《天盛律令》中的六杀处罚基本照搬唐律。如误杀人则减杀人罪一等处罚，戏杀则减斗杀罪二等处罚。西夏与唐律规定相同。

六赃。六赃是唐律规定的六种非法获取公私财物的犯罪。唐律要求官吏廉洁奉公，严惩利用职权牟取私利或贪赃枉法的行为。在量刑上，对于官吏以权谋私、贪赃枉法的行为，唐律均规定较常人犯财产罪更重的刑罚。西夏法典吸收了唐律中关于六赃的规定。六赃具体包括：一，“受赃枉法”。唐律指官吏接受财物枉法，赃满 15 匹处绞。西夏对于受财枉法的规定为：受贿时，轻者重判，故意曲枉，当按枉法贪污论。[①] 二，“受财不枉法”。唐律指官吏收受财物，但未枉法裁判的行为。唐律职制篇规定，即使不枉法，赃满 30 匹处仅次于死刑的加役流。《天盛律令》“受财不枉法”的规定为：已受贿，而于公事上未枉法决断，亦无显见枉法事，当为不枉法受贿，赃满四十缗以上一律故意绞杀，从犯徒十二年。[②] 三，“受所监临”。指官吏利用职权非法收受所辖范围内百姓或下属财物的行为。唐律职制篇规定，官吏出差，不得在所到之处接受礼物，主动索取或强要财物的，加重处罚。监临主守官盗取自己所监临财物或被监临人财物的，比窃盗加二等处罚。赃满 30 匹者即绞。《天盛律令》规定：除禁内处，其他官畜、谷、物管属处大小局分于自己所管官物中，自己拿取、卖、用、分、盗、持时，与非局分人盗窃之罪状比，大人、承旨、主管等加二等，其以下局分当加一等，所加勿及死罪。[③] 唐律还规定官吏应约束其家人不得接受被监临人的财物。若家人有犯，比照官吏本人减等治罪。如监守自盗的比一般盗罪加等处罚，赃满 30 匹即绞。西夏也有相似的规定。四，“强盗”。指以暴力获取公私财物据为己有的行为。唐律《贼盗篇》规定强盗罪处罚更严，虽不得财，也要处徒刑 2 年。持凶器得财者一尺徒三年，十匹及伤人者绞，杀人者斩。《天盛律令》对强盗的规定：诸人盗窃官私之物时，对和物属者及监护者等，若杀伤主、护人时，当以强盗论。持不持武器二种罪情。一，持武器而盗者，已谋未往主犯徒三年，从犯二年；已往未得手主犯四年，从犯三年；物已入手二十缗以上，一律主犯绞杀，从

---

① 史金波等译《天盛改旧新定律令》，法律出版社，2000 年版，第 147 页。

② 史金波等译《天盛改旧新定律令》，法律出版社，2000 年版，第 147—148 页。

③ 史金波等译《天盛改旧新定律令》，法律出版社，2000 年版，第 163 页。

犯徒十二年。二,不持武器,已谋未往,主犯徒二年,从犯一年;已往未得手,主犯三年,从犯二年;物已入手,二十五缗以上,主犯绞杀,从犯十二年。[①] 可见,西夏对于强盗的规定比唐律严格。五,"窃盗"。指以隐蔽的手段将公私物据为已有的行为。唐律《贼盗篇》对一般窃盗罪也严格规定,不得财者笞五十,得财者至五十匹处加役流刑。《天盛律令》对"窃盗"的规定为:偷盗已谋未往,主犯十杖,从犯八杖;得手三十缗以上主犯绞杀,从犯徒十二年。[②] 六,"坐赃"。指官吏或常人非因职权之便非法收受财物的行为。唐律《杂律篇》规定:官吏在辖区内役使百姓,借贷财物,违者以坐赃论处。在《天盛律令》卷七中也有这样的规定:诸大小官员男女诸人等,不允乡邻中无理拿取牛、羊、柴薪、蔬草等种种物品。倘若违律,所取何物法计量数,按枉法贪赃算。其中伤人及有创伤者,比诸人相打斗殴伤留创伤等第十四卷上罪状当增加一等,所增不应及死刑。人死则按强盗杀人法判断。[③] 通过以上我们可以看出,唐律中六赃的分类与赃值的原则为西夏所继承。

(五) 保辜制度

保辜制度是唐律针对伤人罪的后果不是立即显露的情况,规定加害一方在一定期限内对被害方伤情变化负责的一项特别制度。唐律规定,手足殴伤人限十日,以他物殴伤人者二十日,以刃及汤火伤人者三十日,折跌肢体及破骨者五十日。在限定的时间内伤者死去,伤人者承担杀人的刑责,限外死去或者限内以他故死亡者,伤人者只承担伤人的刑事责任。唐代确定保辜期限,用以判明伤人者的刑事责任,尽管不够科学,但较之以往却是一个进步。这种进步被西夏《天盛律令》所吸收。在律令的第十四卷"误殴打争斗门"中有:目、耳、鼻、足、手毁伤中,日限内废人死,则依斗殴相杀法判断,后平复不废,则依折毁牙齿等法判断。平复与前不同,则当比前实毁伤罪减一等。另外在此卷的"相伤为凭据门"中规定:诸人殴打争斗相争中,当告于司,曰"依律令上伤日之内死则我承杀人之罪",伤者予之凭据。伤日以内死,则依杀人法判断。超过当天,则入……[④] 可惜,此条下面的规定已残,无法知道具体保辜的天数规定。但可以肯定的是《天盛律令》中存在保辜这一制度。

(六) 对案犯的审判

唐律规定,写状纸状告他人时,须注明年、月,指陈事实,不得称疑,违者笞四十,官吏受理者减所告一等。《天盛律令》规定:诉告要有状书,写明事实。如事实不清,多处存疑接状者会受到处罚。[⑤] 唐与西夏在审理案件时都重视物证、人证的同时,还非常重视犯人的口供。唐《狱官令》明确规定:"凡察狱之官,先备五听。又

---

① 史金波等译《天盛改旧新定律令》,法律出版社,2000 年版,第 161—162 页。

② 史金波等译《天盛改旧新定律令》,法律出版社,2000 年版,第 163 页。

③④ 史金波等译《天盛改旧新定律令》,法律出版社,2000 年版,第 288 页。

⑤ 史金波等译《天盛改旧新定律令》,法律出版社,2000 年版,第 337—338。

验诸证信。事状疑似，犹不首实者，然后拷掠。”[①]五听，早在西周时就有记载，《周礼·秋官·小司寇》有“以五听狱讼，求民情”。就是说，判官审案必须根据“五听”，直接感受犯人的情态，察颜观色，然后结合证据，进行综合检验。检验属实，即可推判；如尚有疑点，而罪犯又不肯供认，可采用刑讯，逼其招供，每讯必须间隔二十日，审讯时每次拷囚不得超过三次，行刑时须“决法有常”，即行刑时须按固定的方式，不得随意改变，杖数总共不得超过二百。

西夏《天盛律令》也同唐令一样限定，一般案件的审理期限为十日：

有罪人中公事明确而不说实话，则可三番拷之。一番拷可行三种，笞三十，□为，悬木上。彼三番之拷而不实，则当奏报。[②]

另外还规定，杖数当请示职管大人谕文。不待谕文而自行拷打，要受到处罚。如夹带私怨或受贿徇情，不应拷而拷之或令其受杖数超于明定数等，则以违章程度不同给予处罚。

纵观《唐令》与《天盛律令》，相异之处远多于唐律。这是因为：令，规定封建国家的基本框架，西夏与唐社会发展阶段不同，国情不同，决定了西夏不可能照搬唐令，而要根据自己的情况予以改变。与此相比，律的社会适应性和稳定性都较令为强，故西夏基本上对唐律予以继承。相反对唐令则多加改变，但这种变化也是以唐令为基础的改变。

二、宋代司法制度对西夏司法制度的影响

宋代的司法制度以严密详细而著称，在中国古代法制史上颇具特色。因宋代司法制度有一部分是承袭唐律，现只就宋代所特有的司法制度对西夏法制的影响加以展开，试从审判管辖、诉讼与受理、证据、审判方式及申诉、复审和死刑复核六个方面加以论述。

（一）审判管辖

宋代的审判管辖大致可分为审级管辖、专门管辖和地区管辖三种。西夏的审判管辖亦分为此三种。

审级管辖。宋代县级审判权限为杖以下罪（包括杖罪），只能对杖以下案件的判决发生法律效力，“杖罪以下，县长吏决遣”[③]。徒以上案件，须将案情审理清楚，写出初步处理意见，送州由州作正式判决，宋代谓“结解”。州级有权力判决县报呈

---

① 王树坚《从〈天圣令〉看唐宋时期的司法文明——以〈狱官令〉为例》，载《中南财经政法大学研究生学报》，2014 年第 2 期。

② 史金波等译《天盛改旧新定律令》，法律出版社，2000 年版，第 324—327 页。

③ 《宋会要辑稿》，上海古籍出版社，2014 年版，第 8398 页。

的徒以上案,同时,本身也受理诉状审讯刑案。死刑案件必须报路提点刑狱司核准,才能执行。路转运司、提点刑狱司等机构负有本路州县刑案审判、平反冤狱之责。这是一种审级监督措施,以弥补州、县诉讼制度的不足,又有对死刑案件的复核权。

西夏对于级别管辖的规定为:边中监军司府、军、郡、县问种种习事中,应获死、无期之人,于所属刺史审判中。[①] 可见西夏地方郡县一级的审判权限为死、无期徒刑以下的刑罚犯罪,刺史一级处理无期、死刑案件。西夏地方审级的管辖权与宋大体吻合。

宋代京师为皇族、达官贵人居住地,同时又是全国政治、文化中心,"狱讼之间,尤为繁剧"。治狱机构有开封府院、开封左右军巡院、御史台狱等共约二十余所。各所审判后,案件无论大小须报大理寺审核,再送刑部复审。西夏与宋相同,京师的案件由京师司法机关进行审理。西夏法典规定:在本京师各司问习事中,获死、无期□□,审刑已审中,与□□不同时,当问有何异同曲枉,令明……当奏报于中书,枢密所管事处,赐予谕文。[②]

专门管辖。专门管辖指宋代对朝廷命官、皇族宗室人员及军人案件的管辖。朝廷命官犯法,地方无权处置。司马光《涑水记闻》卷三云:凡天下狱事,有涉命官者,皆以其狱上请。地方司法机构可进行初审,但须先经朝廷允许,然后报呈朝廷。品官死刑案,司法机构判决后,通常还须经朝廷百官集议才能定判。西夏对官吏审判的规定为:本处有无判断及尔后不隶属于经略司之各边境、京师司等,皆依文武次第分别当报中书枢密。[③] 西夏虽无宋律规定之详尽,但亦明确文武级别不同所对应处理机构是不同的。

宋代军人案件的管辖也有专法,中央禁军军士犯法,在京者,徒以上案奏裁。奏裁案送大理寺判决,报审刑院和刑部复审。地方厢军犯法,其审判权限依案件轻重及案犯职务大小而有所区别,或本部决断,或录案闻奏。军人死刑案件经枢密院审核才能执行。西夏对于军人犯罪亦如宋有专门规定,如"不系属于经略之啰庞岭监军司者,自杖罪至六年劳役于其处判断。获死罪,长期陡刑,黜官、革职、军等行文书,应奏报中书枢密,回文来时方可判断"[④]。可见对军士处以死刑的审核权,宋与西夏都在枢密。

地区管辖。宋制"诸犯罪,皆于事发之所推断"[⑤]。即案件由犯罪地审判机构审理。如犯人作案后逃往他处,则由犯罪地审判机构派人追逮归案,依法判决。宋代地区管辖遵循由犯罪地审判机构审判原则,但案件有涉及他处他人者,犯罪地审

---

① 史金波等译注《天盛改旧新定律令》,法律出版社,2000 年版,第 317 页。

②④ 史金波等译注《天盛改旧新定律令》,法律出版社,2000 年版,第 317 页。

③ 史金波等译注《天盛改旧新定律令》,法律出版社,2000 年版,第 323 页。

⑤ 《庆元条法事类》卷七十三"决遣·断狱令"。

判机构须将案情通报所在地区官府。西夏对于地区管辖的规定也是由主要犯罪地管辖。但从《天盛律令》卷九“当过典迟门”的规定来看，西夏的地区管辖遵循的是以犯罪地管辖为主、属人管辖为辅的原则。

（二）诉讼与受理

起诉。宋代刑事诉讼一般由当事人直接向官府提出，此外，各级官府也纠举犯罪。西夏对于起诉的要求与宋相仿，采取的也是当事人举告和官府追诉。《天盛律令》规定：

> 若有罪人不肯，儿子兄弟自告，则不许取状推问，违律时，取状、告者等一律有官罚马一，庶人十三杖。[①]

宋与西夏对于起诉都规定，案件的起诉和上诉必须与起诉人有关，无关者不得起诉。

诉讼时限。官府受理一般刑事诉状有特定的日期，宋太宗时“复制听狱之限，大事四十日，中事二十日，小事十日，不过逮捕而易决者，毋过三日。”[②]西夏《天盛律令》规定：

> 诸司问公事限期：死刑、长期徒刑等四十日，获劳役者二十日，其余大小公事十日期间问毕判断。若彼期间问判不毕时，局分中都案、案头、司吏、庶人十三杖，有官罚马一。[③]

可见宋是按案件影响划分时限的，较笼统，西夏则是按处罚程度规定诉讼时限，但两者的最长时限均为四十日。

（三）证据

宋代十分重视证据的收集。由于宋代社会生产力和科学技术的发展为司法证据的采集提供了条件，宋代的证据制度进一步完善化。受其影响，西夏也十分重视证据的运用，在其法典中多有规范。

物证与书证。宋代司法活动中证据的应用极为广泛。徽宗时规定，审讯盗窃案，务必要查出窝藏的赃物和地点，否则法官要受到徒二年的处罚，换言之，只有查到赃物才能给罪人定罪。西夏法典也有类似的规定：

> 诸人已行盗诈，畜物主人已握踪迹，已到他人家处放置，不知路数，强

---

① 史金波等译注《天盛改旧新定律令》，法律出版社，2000 年版，第 337—338 页。

② 上海社会科学院政治法律研究所编《宋史刑罚志注释》，群众出版社，1979 年版，第 60 页。

③ 史金波等译注《天盛改旧新定律令》，法律出版社，2000 年版，第 324 页。

横不让搜时,当使知明踪迹所在,告于局分处使传唤问讯,盗物出则依法判断,盗物仍未出则当使识信三人担保而放之。①

田宅买卖发生纠纷时,契约是法官判案的最主要证据。宋代有"官司定夺,止凭契约"②之说。西夏对于田宅买卖也以契约为主要书证,"田地、房舍等典当、出卖于他人处时,当为契约"③。

尸体检验。宋代法学家宋慈说:"狱事莫重于大辟,大辟莫重于初情,初情莫重于检验。"④宋代司法极为注重尸体检验工作,制定了严格的检验制度。规定有初检、复检程序。官府接到报案后,必须立刻派遣官员前往案发地进行初检,验毕及时申报上级,上级部门进行复检,对初检加以核实。还规定初检官与复检官不得有关联。西夏法典受宋的影响,对尸体的检验要"医人看验"⑤。同时规定了严格的检验制度:

取证验证必须经司内大人指挥,不许预先遣人取证据物。⑥

(四)审判方式

宋代的刑事审判分为鞫与谳两大步骤。鞫,谓查明犯罪事实;谳,谓决定适用的法律。依据这两大步骤,审判机构也相应地分成两大部分:鞫司(亦称狱司)和谳司(亦称法司)。审判中鞫谳分司,各自独立活动,不得相互商议。"狱司推鞫,法司检断,各有司存,所以防奸也。"⑦这是为保证司法审判的准确性而制定的措施。西夏法典也如宋律,为审判两级分离。从《天盛律令》卷九"诸司判罪门"的规定看,西夏的判决权在中书、枢密,如同宋的谳司。而审查权则在诸司、边境刺史、监军司、经略司。

1. 审讯。宋时法官只能审讯诉状所告范围内的事情,诉外之事不得追究"非本章所指而蔓求他罪者,论如律"⑧。审讯过程中法官可用刑逼供,宋把刑讯作为逼迫犯人招供的必要手段,但也有限制,不得随意滥用。刑讯数满,犯人不招供而不得其情,则放之。西夏在审讯上受宋的影响,规定:"知有罪人中公事明确而不说实话,则可三番拷之。"

---

① 史金波等译注《天盛改旧新定律令》,法律出版社,2000年版,第180页。

② 《名公书判清明集》卷五,《物业垂尽卖人故作交加》,中华书局,1987年版。

③ 史金波等译注《天盛改旧新定律令》,法律出版社,2000年版,第390页。

④ (宋)宋慈《洗冤集录》序,福建科学技术出版社,2005年版,第1页。

⑤ 杜见录《西夏的审判制度》,载《宁夏社会科学》,2003年第6期。

⑥ 史金波等译注《天盛改旧新定律令》,法律出版社,2000年版,第341页。

⑦ (明)黄淮等《历代名臣奏议》卷二一七,《慎刑·周林疏》,上海古籍出版社,2012年版。

⑧ (元)脱脱《宋史》卷一八,中华书局,1985年版。

对于刑讯的限制：

不应拷而拷之，令其受杖数超于明定数等，一律笞三十以内者有官罚马一，庶人十三杖 ……①

2. 录问。徒刑以上案件，审讯完毕，还得由审讯官以外的人员核实罪状、供词，这道程序宋时叫“录问”。录问时，录问官必须向犯人读示供状，如所供属实无误，案子才能量罪定刑。录问时，如犯人翻供，案子便交由另外一个机构重新审理。西夏《天盛律令》卷九“事过典迟门”规定录问为：

屈枉不服，问者局分小大争辩，实有枉言时，何人于审者处说项当获重罪，当绝命。②

3. 检法。犯人录问后，即进入法官量刑程序，法司依据犯罪情节，检出应适用的法律条款，供上级判决，这一司法程序叫“检法”。宋时法司检法时，如发现案情有误，有权和有义务驳正。案子当驳正而未驳正者，法司将受到处罚。法司的权力和责任仅限于审案检法，至于案子如何判决，则不得参与意见。西夏审判中亦有此程序：

诸司查律令者，二案头，五司吏等一共当设七人，另当设一律案检。所有判断公事时，问处案人当告案，应有罪情，罪纸其后留白纸空头，经大人处判断□，当载律案检中，当查律令、罪法，以红字写于空白纸上。律案检、案头，司吏当为实状，相接继，当予局分处，经判断实行。倘若问公事处案局分人核罪情及查律令有误时，受贿、相恶而增减者，当令与所增减比较，贿多则与枉法贪赃罪比较，从其重者判断。无意受贿，核检失误，而致判断增罪，则减二等。已减罪，则减三等。尚未判断，则依当再减一等。③

4. 拟判。宋代法司检出适用的法律条款后，再由其他官员根据条款写出案子的初步处理意见。这一程序称“拟判”，也叫“书拟”。县审理的徒以上案件，也须有拟判意见，然后送州复审定判。西夏时拟判的具体程序为：

---

① 史金波等译注《天盛改旧新定律令》，法律出版社，2000 年版，第 326—327 页。

② 史金波等译注《天盛改旧新定律令》，法律出版社，2000 年版，第 317 页。

③ 史金波等译注《天盛改旧新定律令》，法律出版社，2000 年版，第 322 页。

诸司审判中获死及劳役、革职、军、黜官、罚马等,诸司人当察,明其有无疑误,有疑误则当弃之,无则续一状单,依季节由边境刺史、监军司等报于其处经略,经略人亦再查无误,核校无失误则与报状单接。无权判断的各边境、京师司等,再上报中书、枢密。①

可见西夏的拟判与宋相同。

5. 集体审核。案子拟判后,在作出正式判决前,还得经同级官员集体审核,签署意见。案件的集体审核,是一项慎重而有意义的程序,签署意见的官员须认真审查,有疑问即可商讨,可减少错案的发生率。宋与西夏都规定,凡参与审判活动的官员都负有连带的法律责任,在集体审核过程中,如果有错误未能查出,所有签署意见的官员都将受到不同程度的处分。

6. 判决。宋时由知州写判语定判。定判后,必须对犯人宣读判词,犯人无申诉不服,即执行,至此,整个案件的审判方算终结。在西夏判决比宋要复杂一些,一般案件的判决权在刺吏经略司、中书、枢密,而重大的案件只有皇帝才有权判决。如果超职判决将受到处罚。

(五) 申诉、复审和死刑复核

申诉、复审和死刑复核是减少错案发生、正确量刑的必不可少的措施之一,宋与西夏都有这项制度。

1. 申诉,宋代规定,犯人如不服判决,可提出申诉。申诉方式有两种:一是犯人在录问或行刑时称冤,这是一种向原审机构提出的申诉;二是犯人向上级司法机构提出的申诉。这两种申诉方式在西夏的《天盛律令》卷九"事过典迟门"及"诸司判罪门"中有详细的规定。

宋初,中央设有鼓司、登闻院,受接地方申诉案,案状上呈皇帝,由皇帝裁决。州县审判的案件有冤,可不经监司而直赴京师,击登闻鼓申诉,如鼓院、检院不受,犯人可向御史台乃至邀本驾向皇帝申诉。后来,事无大小,动辄进京直诉的人增多,皇帝应接不暇,太宗至道元年(995)下诏禁止越诉。此后进一步规定,申诉者必须逐级先向州、转运司申诉,不受理后才能赴京上诉,这种不可越级上诉的规定完全被西夏法制所移植。《天盛律令》规定:

诸有公事而未问显明,此后不许越司另告他处而不告于局分。若违律时,告者、取状者等有官罚马一,庶人十三杖。②

2. 复审,复审可分为对申诉不服的狱案复审和对下级申报上级的狱案复审。

---

① 史金波等译注《天盛改旧新定律令》,法律出版社,2000年版,第323页。

② 史金波等译注《天盛改旧新定律令》,法律出版社,2000年版,第337页。

一是对申诉不服的狱案复审。犯人在录问或行刑时推翻供状，申诉称冤，宋人谓之“翻异”，原审判机构必须将案件移到同级的另一司法机构重新审理。西夏也有相同的规定：

若别司已问，与前语同而不枉，有罪人因无理陈告，于前有罪上徒五年以内者加以一等……①

宋代对申诉不服案件的复审，先采取同级异司复审法，称“别推”。如犯人仍申诉不止，再交上级机构审，称“移推”。西夏的别推如前所述，而“移推”的程序在西夏是：局分都案、案头、司吏枉误时，当告于所属司大人，所属大人有枉误时，则入状于匦匣司，匦匣司人亦枉误，当依文武第报于中书枢密。

中书枢密人亦枉误，则可告御前而转司，另遣细问者奏量实行。其中无故越司而告御前并击鼓时，徒三个月，情由当问于局分。②

二是对申报上级的狱案复审。宋制县审徒以下案，拟判后送州复审定判。州复审县所上案，如需要重新审理者，原案不再返送本县而改由其他机构重审，这可以防止原审法官变换情节，弄虚作假。如属情节不详，手续不全，则令原审机构补呈。西夏也如宋制，同时对上报手续的要求更为严格，迟报、误报均要受到处罚。

3. 死刑复核。死刑为刑罚中最重之处罚，其判决适当与否，对社会影响很大。宋代对死刑的审判十分慎重，其制定的死刑复核制不同于以往朝代而别具特色。西夏对于死刑也采取谨慎的态度，大量吸收宋对死刑复核的制度。

一，无疑难的死刑复核，凡属有证有据、不难判决的死刑案，其判决执行权地方掌管，执行前，无须报刑部核准。神宗元丰时稍作更改，规定死刑案须由州报提刑司核准才能执行。地方只是在死刑执行后将案件申报刑部，刑部进行事后复核，刑部的复核，在死刑案执行后进行，对案件本身不再起直接的判决效能，仅仅对执法官吏发生监督作用，是朝廷用来监督地方法官、防止滥杀的一种补救措施。这种死刑复核制在历史上还是第一次出现，是宋代的一个创举。西夏的死刑复核制度完全受宋之影响，规定：

诸人原罪虽应获死，但若应赎，若至减罪应减等，依律法不应斩杀时，不奏而作斩杀判断者，局分大小是谁之罪，当与有意杀人罪情相同。③

---

① 史金波等译注《天盛改旧新定律令》，法律出版社，2000年版，第337页。

② 史金波等译注《天盛改旧新定律令》，法律出版社，2000年版，第338页。

③ 史金波等译注《天盛改旧新定律令》，法律出版社，2000年版，第152页。

二,死刑疑案的奏谳。狱有疑难不能判决者,报朝廷议决。即属证据不明有疑难的死刑案上奏裁决。这就改变了以往朝代死刑案不问有无疑难,一律报中央核准才能执行的做法。宋代疑狱奏谳,通常专指死刑疑案的奏谳,大致分为五种情况:"刑名疑虑"、"情理可悯"、"尸不经验"、"杀人无证"以及审判官或审议官意见不统一。西夏法典中的规定虽无宋律严明,但也采用"从疑上判"的作法。《天盛律令》规定:

> 犯十恶者中依律虽应杀,但不奏擅自杀时,及朝廷之有疑虑未明,先擅自杀时,杀人者不论官,当绞杀。①

同时,宋与西夏都规定,疑案的判决、详复和详议,皆以公牒往来形式进行。在宋,大理寺、审刑院不能决之疑案,则由皇帝诏大臣集议而定。在西夏,中书、枢密不能决之疑案上奏,由皇帝定夺。

通过以上的比较分析,可以看出,西夏的法典是在其鼎盛时期下大力气学习唐宋法律制度,将一部分唐宋司法制度输入西夏,再根据西夏社会实际对唐宋司法加以改变,建立起的一套适合自己国情的、比较完备的司法体系。西夏对唐宋法律文化的继承与发扬,是中原文化与少数民族文化交流史上光辉的一页。正因如此,在研究西夏法制发展史的进程中,务必要重视西夏对于传统法律文化的继承与创新之处。

① 史金波等译注《天盛改旧新定律令》,法律出版社,2000 年版,第 151 页。

参考文献

著作：

1. 刘昫《旧唐书》，中华书局，1975 年版。

2. 脱脱《宋史》，中华书局，1985 年版。

3. 陆心国《〈晋书·刑法志〉注释》，群众出版社，1986 年版。

4. 刘俊文点校《唐律疏议》，法律出版社，1999 年版。

5. 薛梅卿点校《宋刑统》，法律出版社，1999 年版。

6. 史金波等译《天盛改旧新定律令》，法律出版社，2000 年版。

7. 俄罗斯圣彼得堡东方所、中国社科院民族所编《俄藏黑水城文献》（共 11 册），上海古籍出版社，1996—2000 年版。

8. 吴广成撰，龚世俊等校证《西夏书事校证》，甘肃文化出版社，1995 年版。

9. 李范文主编《西夏通史》，人民出版社、宁夏人民出版社，2005 年版。

10. 史金波著《西夏社会》，上海人民出版社，2007 年版。

11. 陈炳应著《西夏文物研究》，宁夏人民出版社，1985 年版。

12. 杨伯峻译注《论语译注》，中华书局，2015 年版。

13. 杨伯峻译注《孟子译注》，中华书局，2012 年版。

14. [俄]孟列夫著，王克孝译《黑水城出土汉文遗书叙录》，宁夏人民出版社，1994 年版。

15. 汪潜编注《唐代司法制度》，法律出版社，1985 版。

16. 宋敏求《唐大诏令集》，商务印书馆，1959 年版。

17. 宋绶、宋敏求《宋大诏令集》，中华书局，1962 年版。

18. 李昉《太平御览》，中华书局，1985 年版。

19. 徐松《宋会要辑稿》，中华书局，1957 年版。

20.《宋史刑法志注释》（续集），群众出版社，1982 年版。

21. 戴建国点校《庆元条法事类》，黑龙江人民出版社，2002 年版。

22. 中国社会科学院历史研究所辽金元史研究室校《名公书判清明集》，中华书局，1987 年版。

23. 宋慈《洗冤集录》，福建科学技术出版社，2005 年版。

24. 黄淮等《历代名臣奏议》,上海古籍出版社,2012 年版。
25. 杜建录《〈天盛律令〉与西夏法制研究》,宁夏人民出版社,2005 年版。
26. 邵芳《西夏法制研究》,人民出版社,2009 年版。
27. 茅彭年《中国刑事司法制度》,法律出版社,2001 年版。
28. 丁凌华主编《中国法律制度史》,法律出版社,1999 年版。
29. 任慧华《中国侦查史》,中国检察出版社,2004 年版。
30. 郑钟璇著《法医学》,法律出版社,1982 年版。
31. 薛梅卿、赵晓耕主编《两宋法制通论》,法律出版社,2002 年版。
32. 李发友《中国诉讼法史》,中国检察出版社,2002 年版。
33. 魏殿金《宋代刑罚制度研究》,齐鲁书社,2009 年版。
34. 王立民主编《中国传统侦查和审判文化研究》,法律出版社,2009 年版。
35. 赵汝琨主编《中华法学大词典》,中国检察出版社,2003 年版。

论文:

1. 史金波《创建黑水城出土文献研究新的里程碑》,载《河北学刊》,2007 年 4 期。

2. 刘永刚《对黑水城出土的一件婚姻文书的考释》,载《宁夏社会科学》,2008 年 4 期。

3. 孙继民《敦煌学视野下的黑水城文献研究》,载《南京师大学报》,2009 年 3 期。

4. 张国旺《俄藏黑水城 TK194 号文书〈至正年间提控案牍与开除本官员状〉的定名与价值》,载《西域研究》,2008 年 2 期。

5. 冯金忠、宋燕鹏《俄藏黑水城汉文文献研究的里程碑——评孙继民〈俄藏黑水城所出"宋西北边境军政文书"整理与研究〉》,载《宁夏社会科学》,2009 年 6 期。

6. 文志勇《俄藏黑水城文献〈亥年新法〉第 2549、5369 号残卷译释》,载《宁夏师范学院学报》,2009 年 1 期。

7. 陈炳应、梁松涛《黑水城废弃的时间及原因新探》,载《宁夏大学学报》,2009 年 2 期。

8. 杨晓华《黑水城汉文文献的发现及其学术价值》,载《图书情报》,2005 年 6 期。

9. 白滨《黑水城文献的考证与还原》,载《河北学刊》,2007 年 4 期。

10. 赵彦龙、石月兰《西夏文书种类探析》,载《青海民族研究》,2004 年 1 期。

11. 许生根《英藏黑水城文献社会文书述略》,载《宁夏社会科学》,2004 年 6 期。

12. 罗茅昆《〈圣立义海〉与西夏人的哲学思想》，载《首届西夏学国际学术会议论文集》，宁夏人民出版社，1998 年版。

13. 陈康颐《中国古代法医学检验》，载《法医学杂志》，1985 年创刊号。

14. 王树坚《从〈天圣令〉看唐宋时期的司法文明——以〈狱官令〉为例》，载《中南财经政法大学研究生学报》，2014 年 2 期。

15. 杜见录《西夏的审判制度》，载《宁夏社会科学》，2003 年 6 期。